もし、日本が中国に勝っていたら

趙 無眠
富坂 聰［訳］

文春新書
558

もし、日本が中国に勝っていたら／目次

ダイジェスト版・初出『文藝春秋』二〇〇六年十一月号

東京朝日新聞

昭和六年九月二十日【午後四時發行】

號外

この號外は本紙に再錄せず

日支兩軍衝突畫報

本社特派員撮影。今朝京城着。京城より廣島まで本社新野機空輸。廣島より大阪まで本社中島機空輸—【大朝電送】

裏面へ續く

訳者まえがき

趙無眠という人物

趙無眠氏の論文「如果日本戦勝了中国」の存在を私が初めて知ったのは、二〇〇六年の七月のことである。

きっかけは、『中国青年報』の付属週刊紙『氷点周刊』の元編集主幹・李大同氏をインタビューしたことだった。李氏は当時、中国の言論界でタブー視されてきた国内の歴史教科書問題に正面から切り込んだ論文——袁偉時・中山大学教授の「現代化と歴史教科書」——を掲載した問題により、中国共産党中央宣伝部から睨まれ、雑誌は急遽発行差し止め、編集幹部数名が処分されるという騒動の渦中にあった。

海外メディアのほとんどが反応し大々的に報じられたこの問題は、後に『氷点周刊』が復刊されたことによって一応の決着がはかられたのだったが、論文を掲載した張本人の李氏が再び編集主幹に返り咲くことはなかった。それどころか私が彼と会ったころには、「間もなく逮捕されるのでは」という噂がしきりにささやかれていたほどであった。

共産党の老幹部たちの復刊運動にまで発展した『氷点周刊』の発行停止問題は、経済発展により多様化が進みつつあった社会や言論界のわずかな期待に冷や水を浴びせかける事件だった。時代に逆行するかのような急激な引き締め策に転じた当局の姿勢は、あらためて中国の言論の限界を浮き立たせ、一言の間違いが大きなリスクに結びつきかねない中国社会の恐ろしさをあらためて人々——とくに知識人たち——に思い出させるきっかけとなったようだった。

私がインタビューした時点では、李氏はまだ『氷点周刊』の発行元である『中国青年報』に籍を置いてはいたが、あからさまな配置転換で窓際に追いやられていた。

逮捕の可能性も十分に考えられ、明らかに危険信号がともっていた状況であったので、さぞ意気消沈し、静かに身を縮めて風雨が過ぎ去るのを待っていることだろうと推測していた。もちろんインタビューが実現しない可能性も消えなかった。

だが、現実に会った李氏は意気消沈どころか意気かえって軒昂で、中央宣伝部によって行われた言論弾圧への不満をレストランであろうと喫茶店であろうと大声でまくしたてるのだった。

実際、インタビュー中の彼の発言は過激で、私は何度も聞き間違えたのかと筆をとめて確認しなければならないほどだった。ちょうど、香港中文大学と中青未来社区文化発展研究所下部組織が共同で運営し、中国の知識人たちからも人気のあった言論サイト「世紀中国網」が突然当局の手によって強引に閉鎖されてしまうという事件により、中国の知識人やマスコミ関係者たちの間には沈鬱でピリピリした雰囲気が広がり始めていたころでもあったので、聞き手の私の方がヒヤヒヤしたほどだった。

趙無眠氏の「如果日本戦勝了中国」という作品の存在は、まさにこうした雰囲気のなかで李氏が教えてくれたのだった。

李氏はインタビュー終了後の雑談のなかで、「如果日本戦勝了中国」に言及し、「読んだことはあるか?」と私にきいた。私が首を横に振ると、やや失望したように眉根を寄せ、「とにかく一度読んでみるべきだ」と熱心に勧めてくれたのだった。

「われわれ中国の知識人にとって重要なサロンだった『世紀中国網』もついに消えてなく

なってしまった。間もなく、個々の論文にも当局の検閲の手は及ぶのだろう。そうなれば趙氏の傑作『如果日本戦勝了中国』も読めなくなってしまう日がくるかもしれない」というのが李氏の懸念だった。

深夜まで李氏と話しこんだその日、私がホテルの部屋に戻ってメールをチェックしていると見慣れないアドレスから届いた文字化けの激しいメールが見つかった。開いてみると文字は難解だったが、なかのＵＲＬは無事で、そこをクリックすると趙氏の論文が画面いっぱいに映し出されたのである。

李氏は熱心に勧めてくれただけではなく、実際に論文が出ているＵＲＬを送ってくれたのだ。

早速、李氏にお礼のメールを返し、趙氏の論文にもどって保存した私は、ひやかしに字面を追ってみることにした。

もともと印刷された原稿でなければ落ち着かない性分であるため、日本に帰ってから印字して本格的に読むつもりであったのだが、パソコン画面を何気なく数ページめくり始めると、たちまち趙論文の内容に引き込まれ、そのまま眠ることを忘れて一気に読んでしまったのだった。

――これは中国人が読めば穏やかではいられないはずだ。

読み終わった瞬間、私が抱いた感想がこれであった。

趙論文を紹介するなかで李氏が「趙氏はいまネット上で民族主義的なグループからの攻撃の的にされ、〝四大漢奸〟（民族の裏切り者）と呼ばれている」と語っていたその意味もよく理解できた。

四大漢奸とは、もともと馬立誠・元『人民日報』論説委員（対日外交は歴史問題と距離をとるべきとする新思考外交を提唱した人物で、代表作には『謝罪を越えて』〈文春文庫〉などがある）、時殷弘・人民大学教授（馬氏の論文が掲載された後に同じく対日外交の改善を呼びかけた論文「中日接近と〝外交革命〟」を発表）、そして対米・対日関係で論文を発表し続けている庞中英・清華大学国際問題研究所研究員と朱鋒・北京大学国際関係学院教授の四人を指して使われていたのだが、最近ではここに趙氏が新たに加えられ、五人が時と場合によって入れ替わり、レッテルを貼られたり剝がされたりするのだという。そもそも単なる誹謗中傷なのだから出し入れも自在というわけだ。

さて、自らの不明と嗅覚の鈍さをさらけ出すようで恥ずかしいのだが、実は趙氏の論文は中国の言論界ではすでにかなり有名で、大きな論争を巻き起こしていることを私は論文を読んだ直後に知ることとなった。

趙氏の論文への反応を知りたいと思い、私はできる限り多くの中国人の友人に「趙論文」について聞いてみたのだが、まず驚かされたのは、そのうちの圧倒的多数の者がすでに趙氏論文の存在を知っており、やはり自分なりの感想を持っていたことである。

もちろん私が問いかけた者のほとんどは言論に敏感な知識人であったという事情も関係していたのかもしれない。だが、とにかく、この確率の高さは予想外であった。

そしてさらに、ネットの上にしか存在しないペンネーム「趙無眠」についても、「アメリカと中国に家を持ち二つの国を行き来しながら暮らしている人物であり、元政府の職員である」といったプロフィールまで、多くの者がすでに知っていたことも私には驚きであった。

言論界の風雲児への関心は相当に深いようなのである。

試みに、中国語タイトルをそのまま検索サイト「グーグル」に打ち込み調べてみると、なんと約百九十万件もヒットするのである。ネット上で公開された論文を一つの基点として、これほど多くの人がこの文章について何らかの反応をネット上に示したということなのだ。これがどれほど大きな影響力を示しているのかは改めて説明をする必要もないだろう。

大衆的な言論サイトに書き込まれた過激な発言のなかでは、とにかく「不評」を通り越して気の毒なほど強烈な罵詈雑言を浴びせかけられている「趙論文」であったが、私が日常的に接するこうした人々の間では、決してそんな反応ばかりではないことも発見であった。

毀誉褒貶などという生易しい表現はこの際ふさわしくないのかもしれない。趙氏の存在は中国人にとって〝天使か悪魔か〟のどちらかであり、「如果日本戦勝了中国」と出会った者は、深く共感するか唾棄してこれを憎むかの違いこそあれ、同じように心を掻き乱されずにはいられないらしい。

前出の李氏は、もちろん「趙論文」を絶賛する立場であったが、趙氏を評価する書き込みはネット上でも少なからず見つけることができた。その内容は、「一度は読んでみるべき価値がある」という遠慮気味の肯定から、なかには「百年後の中国人の視点で書かれた画期的な論文」とか「中国言論界における新自由思想の旗手」と手放しで褒め称えるものまであった。

ある者は「趙論文」と出会い強い敵意を抱き、ある者は同じ論文に未来を見る。私が、この作品を読み終えた直後に抱いた「穏やかではいられない」という感想はまさにこの点にある。

では、日本人はこの「趙論文」をどう読んだらよいのだろうか。

中国語の原タイトル「如果日本戦勝了中国」を見ても解るように、趙氏のこの作品はかなり勇気のいるテーマに正面から挑んだ作品である。それが中国社会でどのように受け止められたかは、昨今の中国社会に浸透した「反日ムード」をわざわざ引き合いに出すまでもないはずだ。

まず、「もし、日本が……」という仮説を立てるだけでも中国人に強烈なアレルギー反応を引き起こしかねないテーマなのだが、その中身は、知的な遊びを含んだシミュレーションやサイエンス・フィクションという洒落で済む範囲を超えている。中国人が「暗黒」と呼ぶ近代史から現代に至る日中の歴史に真正面から検証を加え、中国人が頑なに信じてきた〝日本人は悪の塊である〟という定説に疑問符を投げかけているのだ。

すでに〝四大漢奸〟という不名誉な称号を冠せられていることは前述したとおりだが、趙氏が非難された理由の第一は、明らかにこの作品のなかで「日本鬼子」を再評価したからに他ならないのである。

本文を読む前に作品をつまみ食いしてほしくはないので詳しくは触れないが、作中では日中戦争から第二次世界大戦の終わりまでの間に日本軍が中国大陸で行った行為に対して、「欧米列強がやったことと比べてそれほど残虐であったのか？」、「自国軍のしたことと比べてどうだったのか？」、「日本軍による被占領区は他の地域と比べてどうだったのか？」、「歴代の外部民族による中国征服の事情と比べてどうだったのか？」といった視点から論考を試みている。そして、中国人がこれまで「日本人がやったことは、何もかもすべてが〝悪〟」という一言で片付けていた問題について、「日本人の行いのなかにも評価すべきことはたくさんあった」という中国人には受け入れがたい結論を導いているのだ。

だが、誤解してはいけないのは、趙氏の作品は日本人のために日本の過去の行いを正当化する目的で書かれたのではないということだ。

文章を読めば明らかなように、趙氏はあくまで中国人に向けて中国語で自説を問うたのであって、日本人の読者を想定していたわけではない。そして趙氏の目的も、中国人がこれまで単純に善悪の二色に色分けしてしまう——主に政治的な意図をもってそうされてきた——ことで思考停止に陥っていた〝歴史〟にあえて複雑な一面を提示して見せることで、その蒙を啓かんとすることに向けられているのである。補って言えば、そういう一面的な見方だけで歴史を決め付けて反論を許さず、切り捨ててしまっていれば、いずれそのツケは中国人自身へと返ってきて、〝事実を見極める〟動機や学ぶ力を殺ぎ、ひいては国際社会の競争において自分自身を不利に陥れてしまうのではないかと警告しているのである。

中国人が中国人に語る言葉も日本人に向けて語る言葉も、同じ言葉である限り意味も同じではないかと考えるのが当たり前だろう。だが、現実は前者と後者は明らかに違っている。たとえば趙氏は第二章の頭に「中国人よりもさらに中国的な日本人」という見出しを付けているが、この言葉などは中国人自らが言う場合と日本人が口にするのでは少し意味が違ってくるだろう。また受け止める者が中国人か日本人かによっても微妙に意味が変化する。おそらく、多くの中国人の気持ちを代弁すれば、「自分が言うのはまだ許せるが日本人には言われたくない」と思うに違いない。

この点からしても、やはり趙氏が誰に向けて語りかけたものなのかを理解しつつ読むことが大切ではないだろうか。

ついでに私が趙氏個人に感じた印象を言えば、彼は政治的なスタンスというよりも先に相当な皮肉屋であり、世に蔓延する〝定説〟に対し強い反発を覚えるタイプの人物のような気がしてならない。私が、最初に彼の作品を読んだ直後、ミハイル・バクーニンの著作に触れたときのような読後感を味わったのはそんなところに理由があるのかもしれない。

つまり何が言いたいのかといえば、彼は一つの足場——たとえば親日であるか反日であるかといった——を決め、そこから批評を繰り出すタイプの書き手ではなく、むしろ何の制約も受けず、全方位・放射状に批判の矢を射るような人物なのではないかと考えられるのだ。

だからもし日本人が、「如果日本戦勝了中国」を〝親日家〟の書いた日本弁護の作品として読もうとすれば、いずれはその趙氏本人によって失望させられる日が来るのではないか。趙氏の舌鋒は、日本にも躊躇なく向けられるはずだからである。

だが、このことは逆に考えれば日本にとって非常に明るい材料ではないだろうか。なぜなら日本とは何の利害関係もない人物の手によって、従来の固定化された中国の近現代史に新たな視点が持ち込まれたということだからだ。しかも、趙氏はそれを他でもない「中国人自身のためにならない」という使命感から自発的に書き上げているのである。

趙氏自身、この論文がある程度中国社会に受け入れられるだろうことを予測していたとすれば、中国社会にはその「弾力性」も期待できるという解釈も成り立つのだ。

一般的に学問の自由度に恵まれないと考えられがちな中国だが、実は知識人と呼ばれる人々はお仕着せの事実を嫌い、自分自身で真実を追い求めようとする探究心に富み、自由で奔放な発想を失ってはいない。

趙氏の書いた「如果日本戦勝了中国」は、中国人には認めたくないことがら——日本軍が中国で行ったことが時に欧米列強や国軍よりもましであったという比較——が多く、かなり刺激の強い作品になっているのだが、作中で引き合いに出された個別の事例は、決して「初めて明かされた」という類のものばかりではない。

そこは私が意見を求めた多くの中国人と認識が一致するところでもあるのだが、私自身の経験から考えてもやはり同じだ。

たとえば、共産党があの有名な長征の果てにたどりついた根拠地・延安に関する記述だ。趙氏はここで共産党がアヘンを製造していたというショッキングな問題に触れている。だが、趙氏が問題にしたその内容はもちろん衝撃的なことではあっても、実は割りと広く知られていることでもある。おそらく、少しでも中国共産党の歴史をかじった中国人であれば、かならず一度は通らなければならない道といっても過言ではない。

私も、実際に多くの中国人からそのことを何度も聞かされている。初めて耳にすればあまりに突拍子もないことのようにも聞こえるが、そもそも、あのやせた土地で共産党がいくら力を結集して芋を栽培したとしても――もちろんソ連やアメリカからの援助もあったが――数万人から数十万人に膨らんだ共産党員とその家族たちの生計をまかなうことができたとはやはり考えにくいのである。現在でもなお経済発展から取り残される不毛の土地・延安の惨状からもそれは明らかで、おそらく芋の栽培だけでは党員の食の問題さえ解決することも難しかったことは、議論も要しないことだろう。

同じような例はこれにとどまらない。

たとえば、抗日戦争の主役が共産党ではなく圧倒的に蔣介石の国民党であり、時に共産党は日本と戦っている同胞である国民党に後ろから矢を浴びせるような行動をとったのではないかとの指摘もそうだ。

少なくとも、抗日戦争では「共産党は実はあまり頑張らなかった」という言葉は、共産党と非常に近い立場にある者からも時に聞かれることなのだ。

その意味でも私は、日本人がこの作品に触れることの最大の効果は、日本の読者にある種の安心感を与えることではないかと考えるのである。私自身が中国との間を往復するなかで出会う中国人は、中国人と接する機会のない日本人が抱きがちな、「共産党の宣伝を鵜呑みにし、日本のことは頭っから〝悪〟と決め付け、教条主義的で反論を受け付けず、そして不自由な言論空間にいるために世間知らずで多様性に欠ける」といった印象とはかけ離れた中国人である。彼らの多くは、長く話し込むなかでは、ふと、前述したようなきわどい指摘を漏らすこともある。そして、彼らは日本人が思う以上に多くのこと――西側の文化圏にあるもの――にも触れていて、発想も自由である。

趙無眠という人は、おそらく中国の平均的な知識人たちが時に垣間見せる〝過激な批判精神〟と〝鋭さ〟だけを取り出して固めたような人物ではないだろうか。つまり、主客が逆転している人物なのだ。趙氏は、もともと中国でも貧しいとされる内陸部の出身であり、現在は北京とアメリカの間を忙しく往復する生活を送っている。思春期から成人するまでを文化大革命の混乱のなかに過ごし、大学では物理学を学んだという異色な経歴を持つ。九〇年代からアメリカと中国の二重生活に入り、そのころから「趙無眠」というペンネームで文章を発表するようになったという。

作品を読めば分かることだが、その知識と好奇心は多岐に及び、既成事実をひっくり返すような新たな事実の発見にはとりわけ貪欲だ。その守備範囲の広さにも舌を巻くが、その広さゆえに少し疑問に感じる部分が今回の作品にも見つかる。

例えば、文中で引用された『温故一九四二年』についてだ。この作者・劉震雲氏とは私自身も電話で話したことがあるのだが、歴史の検証については多少の疑問が残ったのを覚えている。

また、敗戦時の日本の状況などに、事実と異なる記述が見受けられるところがあった。が、これは中国側の資料に基づいていると思われるために原文通りとして、註記も語句説明のレベルにとどめたことを付記しておく。

もっとも、こうした指摘など些細な問題だ、と思わせてしまうのが趙氏の作品の持つ圧倒的な迫力なのであるが……。

すでに多くの著作もある趙氏には、『真假周恩来』（周恩来の真贋）、『真假毛沢東』（毛沢東の真贋）といった興味をひかれる作品もある。そして目下、彼が最も興味を示している人物は、中国や韓国ではとにかく評判の悪い伊藤博文であるという。

趙氏がわざわざ題材にするということは、従来の〝鬼子〟ではない伊藤の姿を描くのであろう。そして〝四大漢奸〟のレギュラーとしての地位をさらに固めることだろう。

二〇〇七年一月

富坂　聰

中国現図

黒竜江省
吉林省
内モンゴル自治区
遼寧省
朝鮮民主主義人民共和国
北京市
天津市
黄河
河北省
山西省
陝西省
山東省
大韓民国
西安
三門峡
江蘇省
揚子江
秦嶺山脈
河南省
南京
安徽省
上海市
日本
湖北省
宜昌
武漢
重慶市
浙江省
東海（東シナ海）
湖南省
長沙
江西省
福建省
貴州省
貴陽
都匀
台湾
広西チワン族自治区
広東省
珠江
香港
マカオ
海南省
南海（南シナ海）

寧夏回族自治区
ロシア
モンゴル
新疆ウイグル自治区
甘粛省
蘭州
青海省
チベット自治区
四川省
成都
イ
ン
ド
雲南省

第一章　複雑な感情

一九四五年八月十五日正午。日本国のすべての交通、通信は遮断され、全国民がやりかけた仕事の手を止めて静かにラジオから流れる音声に聞き入った。

声はとぎれとぎれで、語気は落ち着いていたものの声調には絶望がにじみ、実際の年齢よりも老けているような印象を与えていた。

その声の主がラジオ放送を通じて宣言したのは連合国側が突きつけたポツダム宣言の受諾だった。

この日放送された天皇の声明は、やがて文書化された後に翻訳され、「敗戦」の詔書(天皇布告文に修正を加えたもの)となった。

日本の無条件降伏である。

【日本への仇か米国への憎悪か】

それは、すべての日本国民に驚愕をもたらすと同時に、屈辱と傷心、恐怖、そして虚脱感をもたらした宣言だった。日本人は、一人、また一人と涙をこぼし始め、嗚咽した。

ある者は地団太を踏み悔しがり、ある者は声を嗄らして泣き叫んだ。そしてまた、佩刀を抜き割腹自殺を図り、自らの血糊の上に倒れる者の姿も見られた。

日本が悲嘆に暮れていたその同じころ、世界の一方——とくに中国だが——では、銅鑼や太鼓が激しく打ち鳴らされ歓喜に酔いしれる国民の姿もあった。戦争は終わり、中国は清末から百年にわたり続いた民族の恥辱と不名誉にまみれた歴史に終止符を打ち、最後に勝利をつかんだのである。

八カ国連合軍が北京を占拠（一九〇〇年）する事件が起きて以来、日本は〝張子の虎〟である中国を横目に凶悪さと横暴さの限りを尽くした。身の程もわきまえず、中国を好き勝手に跳ね回っていたこの「小人の国」も、ここに至りやっとおとなしく負けを認めたのである。

二十世紀を見渡したとき、中国人が真に誇るに足る唯一の慶事は、抗日戦争の勝利しかない。中国人は立ち上がり、中国に冠せられた「東アジアの病人」という不名誉な帽子を投げ捨て——もちろんその後も宿命的な貧困と動乱、飢餓に相変わらず耐え忍ばなければならなかったにせよ——とにかく、かつてのような外国からバカにされながら彼らに阿《おもね》り、蹂躙され続けた過去とも決別し、アメリカ、ソ連、イギリス、フランスと並び〝世界の五強〟に列せられたのである。

この間、中国人が味わった辛酸は、他のどの国の国民も体験し感じたことのないものだったかもしれない。

民族の自尊心と自負がある反面、民族のもつ劣等感と卑屈な感情は、これまでどれほど、かつこれからどれくらいの長い期間にわたりわれわれの情緒、観念、自我の確立、精神状態及び生態に作用し続けるのだろうか。

おそらく、外国人の瞳の中の中国人は、本当に難解な存在に違いない。

中国は戦勝国の一員として、一方では敗戦国の日本に対して〝以徳報怨〟*の寛大な態度――侵略軍の軍人を優先的に軍艦を使って日本に送り返し、極少数の戦犯のみを提訴し、巨額の賠償を放棄した――で接してきたのであるが、その日本からは逆にずっと〝以怨報徳〟*で恩を忘れて不義に走る――首相の靖国神社への参拝問題や公開謝罪の拒否、歴史教科書の改竄、尖閣諸島の紛糾、極端な右翼の言論とパフォーマンス、ゲームソフト「提督の決断」での法廷闘争など――常に昔の怨みにさらに憎しみの上塗りをするような問題ばかりが引き起こされ続けてきたのである。

中国はといえば、一方で抗日戦争期を回想させる出版物や映画などを大量に世に出し続けたり、大虐殺記念館の建設、戦争慰安婦の訴訟、民間賠償など人々に悲惨な過去を忘れさせまいとするような動きをするのだが、またその一方では、かえって「ワンタン売りが担ぐ天秤棒の両端のように*」といった態度で日本に近づき、「子々孫々までの友好関係」を誓ったりするのである。

中国人の感情は非常に複雑である。恨みのある日本に対しても、広島・長崎の原爆の話を聞けば、突然、目が覚めたかのように日本を哀れみ、アメリカの兵士が日本の少女を強姦したと聞かされると、やはり心の中で隣村の少女が西洋人に酷いことをされたと聞いたときのように受け入れがたい感情を抱いたりするのである。また、日本の商品に対しては絶大な信頼を置きながらも、その製造者である日本人を〝小日本〟と心の中で嘲笑し蔑視するのである。

中国の学者である余英時*は、常に一つの言葉によって中国人のアメリカ人に対する感情を形容してきた。それは、「羨憎交織」（愛憎入り乱れる）という表現である。

しかし実際この言葉は、アメリカ人に対するというよりも、中国人の日本人に対する態度を形容するのにこそ最もふさわしいと考えられる。アメリカは中国にとって遠過ぎて、アメリカがいかに善良でいかに非道であっても、常に中国人が深く気にかけることもなければ切実な痛みを感じることもないからだ。

一方、日本の場合はその反対で、どんなに小さな問題であれ、簡単に中国人を刺激してしまうことになる。驚かせればすぐに恐れ、慕わせれば褒め称え、怨んでもまだ愛しているというように……。

中国から見たとき日本人はどんな相手だろうか。彼らは西側の人々なのだろうか、それとも東方の人なのだろうか。親戚なのだろうか、それとも宿敵なのだろうか。卑屈なほど謙虚な人々なのか、それとも驚くほど傲慢な国民なのか。聡明なのか、バカなのか。実直

以徳報怨　徳をもって怨みに報いる。
以怨報徳　徳に対して怨みで報いる。
ワンタン売りが担ぐ天秤棒の両端のように　一方は冷えているのに一方は煮えたぎっていることの喩え。この場合、冷たい態度を取る日本に情熱をもって近づこうとする。
余英時　著名な学者であり現代の儒学者と呼ばれる人物。一九三〇年中国・天津生まれ。ミシガン大学、ハーバード大学、イェール大学の教授を歴任。

なのか、狡猾なのか。戦闘的なのか、平和を好むのか。

アメリカに対する「羨憎交織」の感情を言うのであれば、実際、日本に対する中国人の感情ほどこの言葉にピッタリ当てはまるものはない。

日本は戦争中、ほとんど無敵であったが、最終的にはアメリカに敗れた。第二次世界大戦の後、GHQのマッカーサーは日本社会全般に対して組織的な改造を施し、戦争の傷跡からいち早く回復する道筋を付け、日本はアメリカに迫る第二の経済大国にまで成長を遂げたのだった。

つまりアメリカは、日本にとっての最大の敵であったと同時に、最大の救世主ともなったのである。それは、主人であり恩師であり競争相手でもあり、また「羨憎交織」の感情も避けがたい相手ともなった。『「NO」と言える日本　新日米関係の方策』(盛田昭夫・石原慎太郎著)はこの種の感情を最も如実に表現したものではないだろうか。

テレビの中でときどき見かけるG7(先進七カ国首脳会議＝サミット)での一幕では、世界経済の版図を描くその集まりのなかで、一つだけ油で頭を光らせ、彼らの列のなかで頭一つ分も背が低い日本の首相の姿を見つけたとき、われわれはついその姿をなめ回すようにじろじろと見てしまう――これこそいわゆる「羨憎交織」の視線なのだが――ことを禁じえない。われわれはこうした気持ちでドイツ人やイタリア人を見ることはないし、ましてやイギリス人、フランス人、カナダ人を見ることもない。そしてもちろんアメリカ人は言うまでもない。

歴史的に見てもアメリカ人は中国から見たら恩人であり、過去の〝敵〟などという表現は実は語る意味もない。アメリカは中国を侵略も占領もしていないし、分割もしていない。それどころか抗日戦争の過程では最大の支援者でもあった。

中国軍はかつて朝鮮戦争とベトナム戦争でアメリカと戦った過去がある。そのうち朝鮮戦争は引き分けといっても良い結果でベトナムではアメリカが敗北したと中国では信じられている。

しかし本当にそうだろうか。ある証言によれば、朝鮮戦争における中国義勇軍の捕虜は数十万人だったのに対して、アメリカ側はわずか数万人であり、死傷者数も中国側がアメリカ側を大きく上回っていたという。これのどこをもって引き分けとするのだろうか。

戦争の勝敗というのは、両軍の消耗の度合いよりもむしろ戦争の結果であるが、朝鮮戦争の結果は北朝鮮側が戦争を始める前の状態に戻され、三十八度線で停戦になったというものだ。これは、アメリカの将軍たちも認めているように、板門店の停戦合意は、アメリカが「初めて勝利すること以外の状況で停戦に合意した」というだけのことだったのである。

【単独では勝つことが難しかった戦争】

もし結果ではなく双方の捕虜や死傷者の数によって勝敗を見ることができるのだとすれば、抗日戦争では、中国こそ敗戦国であって日本は戦勝国という見方さえ可能になってしまうのだが、それがいかに荒唐無稽なことであるかは言うまでもない。

現状、中国は戦勝国に数えられるが、抗日戦争での中国側の損失は計り知れない。一般に用いられる統計によれば、数千万人の犠牲者があり、そのうち多数を占めているのが非軍人であり、戦場で死んだ兵士は約百三十二万四千人とされる。日本軍の捕虜となった中国側の軍人も多く、傀儡政権軍に組み入れられた兵士の数だけ見ても数十万人にも上るのである。

経済損失はさらに驚くべき規模で、家を失った者だけでも三千万人といわれる。戦前と戦後では物価の差が一千八百倍（重慶では二千六百十三倍、昆明では六千八百九十四倍）にもなり、巨額な戦費支出は、すでに中国人の税でまかなえる規模ではなくなっていたとさえいわれる。


いまさら指摘することでもないが、中国は抗日戦争に辛勝したに過ぎないのである。中国は理論上、または道義の上から見てこの戦争に勝ったのであって、日本は現実には連合国に投降したに過ぎないのである。中国はその連合国の一員であったものの最も長い期間の消耗に耐え、最大の代価を支払い、最多の死傷者という犠牲を強いられた国であった。

もし連合国が参戦していなければ、中国がこの戦争に勝っていた可能性はほとんどなかったし、また言い方を変えれば、もし日本が太平洋戦争を引き起こしていなければ、中国はこんな惨めな勝利さえ得られなかったかもしれないのだ。

論者のなかには、中国の抗日戦争をたとえて、重量級とフェザー級の戦いだったと形容する者もあったほどだ。

フェザー級のボクサー(中国)は、重量級ボクサー(日本)に八年以上も一方的に殴られ続けたため、もはや極度の痛みと疲労困憊によってただロープにもたれかかってやっと立っているというだけの状態であったが、そのとき突然、審判の声が響きフェザー級選手の腕がなぜか高々と持ち上げられて勝利を宣言されたようなものだったと。

日本の降伏から三日後、山西省の八路軍*は沁県の日本軍に対し武装解除させようとしたことがあったが、日本軍に拒否され戦闘になった。日本軍がわずかに一個大隊(三個中隊、約五百人)で陣地を守っていたところに八路軍は一万余の兵力で攻め込んだのだが、一千余名の犠牲を払ってもなお陣地を落とすことはできなかったのである。

日本侵華軍(支那派遣軍)総司令官・岡村寧次*は、自身が晩年に記した回顧録のなかで、八路軍こそが中国での作戦中に出会った最も戦闘力の高い軍隊であったことを認めている。そのことは国共内戦のとき、八路軍を中心とした人民解放軍が、装備ではるかに上回る百万の国府軍を相手に破竹の快進撃を遂げたことでも証明されている。だが、その戦闘力のある八路軍が、落日の日本軍を前にしてまったく揮わなかったのである。

一九四五年四月から六月にかけて起きた湘西会戦*は、日本が敗戦直前に行った最後の大きな中国軍との戦闘であった。

中国側は十九個師団を投入し、日本側は三個師団と一個旅団、一個連隊だった。国内の歴史家の評価によれば、この戦いは日本軍の敗北であり、中国ではいわゆる〝湘西大捷〟（湘西会戦の大勝利）と呼ばれている。だが、双方の死傷者数は、日本側が死亡者約千五百人、負傷者約五千人なのに対して、中国側は死傷者合わせて一万三千七百十三人と日本側のおよそ二倍の数字なのだ。

さらに言えば、中国側はこの戦いで日本の士官十七人、兵士二百三十人を捕虜にした戦果を誇っているが、このわずかな捕虜の数は、柳条湖事件以来の長い闘いのなかで最も大

八路軍・新四軍　一九三七年九月、国民党と共産党の再合作の結果、それまでの共産党軍（紅軍）は国民革命軍に改編され、華北にあった主力は第八路軍、華中・華南の部隊は新四軍となった。「八路」は共産党軍の代名詞ともなった。

岡村寧次　一八八四年〜一九六六年。陸軍軍人。永田鉄山、小畑敏四郎とともにバーデンバーデンの密約を結んだ。参謀本部勤務などを経て一九四一年、北支那方面軍司令官。敗戦直前に支那派遣軍総司令官となる。戦後、中国での戦犯裁判で無罪。陸軍屈指の「支那通」とされていた。

湘西会戦　湖北省西北部・老河口、湖南省西南部・芷江における戦闘。

きな戦果だというのだからそれまでの戦いぶりがうかがえるというものだ。
日本軍は中国大陸での八年にわたる戦闘で断末魔の叫びを上げて最後の足掻きをしている段階であるにもかかわらず、まだこれほどの戦績を残したのに対し、中国側のこの不甲斐なさはどうしたものだろう。

日本の敗北の理由については、中国には昔から一つのなぞなぞとして伝えられてきた言い方がある。それは、「日本が降参した原因はナンだったか？」という問いに対して、答えは「中国古代の有名人の名前である」とヒントを出す、つまり、歴史上の人物名の漢字が答えを教えてくれるのだ。

このなぞなぞの答えは四つあるのだが、その一番目は、「屈原*」である。この名の漢字の原意は、「アメリカの原子爆弾に（日本が）屈した」ということになる。そして二つ目は「蘇（ソ）武*」である。意味は、「ソ連の武力」であり、八月に入りソ連が日本に宣戦したことを指している。そして三番目が「共工*」。すなわち「共」である共産党の働き（工）であるが、これは共産党指揮下の八路軍、新四軍*の戦功であるというもの。そして四番目が「蔣幹*」。この名の意味する「蔣」は蔣介石で、「幹」は働きを指す。つまりは蔣

岡村寧次

介石の働きが良かったためというもの。

さて、答えはこの四つのなかにあるのだろうか。

『昭和天皇回想録』*のなかには、ポツダム宣言の受諾を決心する直前の昭和天皇の心理が、かなり細部にわたり描かれているのだが、それによればやはり日本が屈服した最大の原因はアメリカである。原子爆弾の威力は、凶暴で頑迷な百万の皇軍から戦意を喪失させ、抵抗を続ければ日本が一片の焦土と化し、民族の絶滅という最悪の結果をも招きかねないという恐怖を抱かせるに十分であった。

毛沢東はかつて、「戦争の勝敗を決するのは物（兵器、装備）ではなく人（戦意や士気）である」と語ったが、この戦いにおいて実際に戦況を決した要因はすなわち「物」（兵器の力）だったというわけだ。

中国の軍民が八年にわたる苦難の抗日戦争を戦ったことが、日本が敗戦した一つの重要な要因であることは疑いようのない事実だ。しかし、敗戦と投降は同じことではない。

もし、アメリカが参戦しておらず、或いは原子爆弾を発明、使用していなかったら、日本は決してあれほどすばやく唐突にポツダム宣言を受諾することも、あれほど素直に武装解除することもなかったに違いない。七十年の歴史を持つ日本の皇軍には、投降することや敵の捕虜になることを恥とする伝統がずっと受け継がれてきた。しかも日本は歴史上も外国に対して降参した記録がなく、敗戦を知らない軍隊であったことに改めて触れるまでもないだろう。

日本軍は、各地の戦闘で勢いを失い本土に向けて少しずつ後退を余儀なくされていたのだが、その作戦能力は相変わらず侮りがたいものであった。アメリカの試算によれば、日本で本土決戦を行った場合、連合国側はさらに百万人を上回る犠牲者をださなければ勝利を得ることはできなかったとされている。

屈原　戦国時代・楚の詩人。
蘇（ソ）武　前漢・武帝時代の官僚。
共工　古代中国の神話に登場する洪水をおこす神の名前。
新四軍　39ページ註参照。
蔣幹　『三国志演義』の登場人物で、曹操の部下で幕僚。有名な「赤壁の戦い」で曹操が敗れた原因を作った人物。
昭和天皇回想録　昭和天皇の死後、天皇が敗戦直後に側近たちに語った回想が、御用掛だった寺崎英成のメモの形で発見された。『昭和天皇独白録』として文藝春秋から刊行。

一方、日本の天皇の視点から見ても原子爆弾こそが、彼が終戦を決断するための最大の口実となったのである。なぜなら、日本の軍部のリーダーたちは大いに慌て、この武器に対する良い対策も打ち出せず、ましてや天皇の決断を止められるような何の材料もなかったからである。

【第二次世界大戦にはまったく別の局面が予想できた】

晩年、アメリカに逗留した李宗仁は、八年にわたる抗日戦争を振り返り、中日双方の優劣についてこんな見解を書き残している。

「……日本が中国を征服するつもりであったなら、ヨーロッパの混乱に乗じて一気に中国を飲み込むべきだった。日本は平時、二十個師団の国防力であったが、動員をかければ僅かな時間に四十個から五十個師団の規模まで増員することができた。

もし、盧溝橋事件が起きる直前、日本全国に動員をかけ、まず三十個師団を派遣すると同時に、多方面から侵攻。電撃作戦で主力部隊を平漢（北京から武漢にかけて）、津浦（天津から南京にかけて）の両方面に分けて南下させ、一方で西北から出て戦略的に大きく迂回させ蘭州を占領。中ソの交通を遮断し、同時に隴海線、すなわち中国を東西に走り西安に達する鉄道に沿って西進する部隊と呼応。陝西を挟み撃ちにして西安を占領し、甘粛から四川を望み、成都を睨むのである。

また海のルートを利用し揚子江、珠江から西に侵攻し、南下する主力部隊と呼応。西南各省の軍隊が揚子江流域を支配することによって江蘇から上海、南京、武漢、長沙までの戦略拠点を占領してしまえば海運の利を生かすことができる。その後、ルートを三つに分けて、一つは秦嶺山脈を越えて成都を占領し、真ん中のルートは宜昌を上り、三峡を通り抜けて重慶を占領。最後のルートは広西を経て都匀へ向い、貴陽に入るのだ。

こうして一気に主要都市を占領した後、我が方の野戦軍の主力を打ち砕き、それから細々したゲリラ部隊を山間部に追い立て、我が軍の勢力が連携して抵抗する局面を分散させ、全国を麻痺状態に陥らせることができればもはや日本にとっての困難など何もなかったはずだ。

一旦こうなってしまえば、我が政府にはおとなしく命令を聞く以外に方法はなかったはずだ。すでに大勢が決してしまった状態になれば、たとえ極端な主戦論者といえども口をつぐむしかなくなってしまうからだ。そうなれば蔣介石や汪精衛（汪兆銘）などを首魁とする対日戦争消極派や〝にわか〟亡国論者たちは、いかにも対日融和に理があるように和平を説き、率先して全国人民を暴力の下に屈服させたことだろう。

しかる後、ドイツとイタリアが侵略戦争を外に向かって仕掛け、ヨーロッパの戦争がピークに達したころ、日本は中国の人力、物力を引っさげてアジアの手薄な地区を固め、狂ったように略奪性を帯びた戦争を南へ北へと広げることも簡単にできたはずだ。

もし、こんなことになっていたとしたら、第二次世界大戦の様相は一変していたに違いない」（『李宗仁回顧録』より）

李宗仁は抗日戦争で第五戦区司令官を務めており、有名な台児庄戦役を指揮した抗日の名将軍として知られた人物で、戦後は国民政府の副総統にも選ばれ、蔣介石が下野した後は総統代理にも就いた人物である。彼の日本による侵略戦争の分析は包括的で深く、また権威もそなえているといえよう。

彼が語った、「日本が中国を侵略するとしたら全国の力を傾けて一挙に中国の抵抗力を奪わなければならず、もし一個師団ずつといった戦力の逐次投入をするとすれば、少しずつ泥沼に引き込まれていくことになる」との分析はこれ以上もないほど明解な指摘だろう。

日本がもし、そうした手段で中国を攻めていたとしたら、中国には屈服するほかに手はなかったはずである。李が分析したように、日本が敗れた主な原因は、深謀遠慮に長けた政治家の不在や優れた戦略の欠如といった日本自身にあるのである。もし日本がそれをもっていたなら、中国が勝つことは難しかったに違いない。

日本の中国大陸での敗北は、戦略的な失敗であり、そのために日本は中国を征服するという目的を達成することができなかったのである。

ただ、個々の戦闘という視点で見たとき、日本の軍隊は相当に高いレベルにあった。

李宗仁は専門家の目から見て、昔日の敵をこう賞賛する。

「日本の陸軍はよく訓練されており、その戦闘力は世界でも屈指のレベルだった。戦力が展開されるとき、上は将官から下は一兵卒に至るまで戦術・戦闘の原則をよく理解し、一糸乱れぬ作戦を行い、相手に付け入る隙を与えない。……日本の将官は、一般に背が低く容貌はさえないのだが、事を起こすに際しては綿密で着実にやってのけ、人を畏怖させ

た」（同前）

　およそ日本軍と干戈《かんか》を交えたことのある連合国の軍隊には、こうした印象が深く残っており、彼らは日本軍を、卓越して強靭で偉大な軍隊だと認識していた。

　ドイツは戦争に負けた後もなお、武装部隊の再建が許されたのだが、日本に対してはそれが許されず、皇軍の永遠の解体が行われたのは、日本軍が連合国側から非常に恐れられていたからなのである。

　では、もし日本が李宗仁の描いたような戦略か、もしくは別のより優れた戦略によって中国を征服していたとしたならば、その後の中国はどうなっていたのだろうか？

　日本の降伏から半世紀以上も経ったいま、こうした疑問を提示することは、歴史のシミュレーションとして可笑しなことだろうか。しかし事実、抗日戦争の前後では、こうした仮説が中国人の頭から離れることはなかったのである。そして、まさにこの最悪のシナリオこそ中国の軍民が奮起して抗日に立ち上がったモチベーションでもあったのである。

　日本の軍隊は随所でさまざまな犯罪行為を続け、人々の怒りと恨みをかい、危機感を深めた。「奴隷になりたくない者よ、立ち上がれ！　いまこそわれわれの血と肉で新たな長城を築くときだ」という掛け声の中、抗日戦に勝利したわれわれは自らの国の主人となったが、もし負けていたなら、われわれは奴隷となり国亡き民となったかもしれないのだ。「亡国の民とならないために」という旗印は、すべての民族が侵入者と戦うために最も崇高で最も正義で最も強いものなのだ。

まさに時間が流れるがごとく、民族存亡の危機を無事に乗り切った後、われわれはやっと平静に戻り、腰を落ち着けて、一から歴史を振り返って考えることができるようになった。それはあたかも囲碁でいう〝復盤*〟のように。

【枢軸国と連合国を正義と不正義には分けられない】

まず、われわれは第二次大戦後に征服された側の国を見てみよう。

一つはドイツであり、もう一つは日本である。この二つの国はともに第二次世界大戦の

復盤　ゲームをあとで再現すること。

敗戦国であり、長期間、外国の軍隊の占領下で亡国の民となった。国土が分割されたり、多額の賠償金を請求されたり、工業設備も破壊され、徹底的に破壊されて重要都市が廃墟と化すこともあった。

しかし彼らは、ともに戦後は急速な経済発展を遂げ、いまでは世界経済の舞台で非常に重要な役割を果すまでになっている。

もっとも、彼らはいまだに国連の安全保障理事会の常任理事国入りを果せず、「五強」に列せられることもないのだが、その実、実際の力はすでに上から三番目に列せられていることは世界中が認めている。

この二つの国家は資源こそ豊富ではない――とくに日本は狭い国土に人口密度が高く、資源など言うに及ばない――のだが、たとえば日本の鉄鋼の輸出量は長いことアメリカを除く七大工業国の総量を上回っていた。

日本はまた、国連の第二の経済支援国であり、通称「国連の副社長」と呼ばれている。国連への出資には誤魔化しも遅延もなく、「社長」であるアメリカのように実際の資金が滞ったりするような不手際もない。

日本とドイツ両国が戦後の経済発展によって世界でも傑出した存在となったことは、いみじくも「平和による発展は、戦争の発動によって〝生存空間〟の拡張を目指すことよりもよほど有益である」（つまり、戦争によって領土を広げ発展することよりも、平和の中で経済を拡大することのほうが有効である）と証明したのだ。そしてまた、彼らの戦後の体験は、敗戦によって征服・占領されても悪いことばかりではないこともわれわれに教えている。

ただ、連合国側が勝ったからこそ、こういう結果であったとは言えるのかもしれない。もし枢軸国側が勝っていたら、状況は違っていたからだ。

連合国は〝民主陣営〟を代表し、枢軸国は〝ファシスト陣営〟を代表する。一つは正義で、もう一つは不正義であり、一つは反侵略で、もう一つは侵略である。意義はまったく違うのである。

ただ、もちろんそれも相対的なものにすぎず、当てはまらないものもある。ソ連のどこを見て何をもって民主というのだろうか？

ソ連の専制・独裁は、ナチスドイツと比べてもまさるとも劣らないものであった。一般に用いられる統計によれば、スターリンの大粛清による犠牲者の数は、ナチスドイツの行ったユダヤ人虐殺の数を大きく上回っている。

もし民族の違いによって人間の存亡が決められることが「人類には許されない罪」だというのならば、それは思想や経済的な理由で存亡が決められることと、どれほど違うというのだろうか？

アメリカは人種差別と人種隔離政策の大本営であり、「劣等民族」に対する迫害という点ではナチスドイツと比べて遜色ない。

また公平に見て、ソ連が侵略し、占領したり呑み込んだりした国家を「少ない」と言えるのだろうか？

ポーランドは、ドイツとソ連が手を組んで滅亡させた侵略政策の〝傑作〟である。またモンゴルの独立はソ連の戦略目標であり、中国政府を時に脅し、時に飴をちらつかせるなどして誘導した結果である。連合国側のイギリスとフランスは、ともに帝国主義・植民地主義国家の元祖である。彼らは他国を侵略することを生業とし、占領した植民地は〝五洲四海〟（全世界）に広がる。それは戦争中の日独伊にまさるとも劣らない。

ドイツは二度の世界大戦を引き起こした国だが、その主な動機は発展の空間をもとめて、すでにイギリスとフランスによって分配されてしまった植民地を奪うことだった。

日本は同じく生存空間の拡張という目的のほかに、聞いたことのあるこんなスローガンを侵略の理由として叫んでいた。

「アジア人を白人の植民地の奴隷から解放しよう」――。

もし英仏など西側国家の侵略という前提がなければ、日本がこんなスローガンを思いつくこともなかったはずだ。

第二次世界大戦が終わった後、連合国の間では新たに各々の勢力にどう世界の利益を分配するのかをめぐって対立し、数十年間にわたる冷戦を繰り広げたのであった。

先の大戦では、正義の名の下に反侵略の民主陣営として戦争が発動されたのだが、そこには言葉に感じられるような穏やかさはいささかも見つけられない。

朝鮮戦争、ベトナム戦争はさらにそのことを強く裏付けたのだった。

あれほど小さな国であるベトナムに対し、アメリカは第二次世界大戦で投じたのと同じ量の爆弾を投下しているのだ。一九六八年、ソ連を中心としたワルシャワ条約機構がチェコスロバキアの首都・プラハに侵攻した〝プラハの春〟では、六十万の軍隊に五万九百両の戦車、八百機の飛行機、二千門の大砲が投じられているのだが、一九四〇年にヒットラーがフランスに侵攻したときにはわずか二千五百両の戦車であったことを考えれば、これがどれほどの規模であったのかが想像できるはずである。

第二次世界大戦の終結時、連合国側ではイギリスとソ連がヨーロッパをいかに分割するかをめぐって話し合いが行われた。戦後、東ヨーロッパに出現した社会主義集団はまさにこの話し合いによる成果である。

ソ連がドイツ軍に反撃し攻勢に転じてベルリンを征服した後には、彼らもドイツ軍人や市民に対し、強姦や捕虜の虐殺といった報復行為に訴えたのである。例えば、ソ連で英雄視されていた女性兵士のズゥオヤ*を殺したドイツの連隊をソ連軍は全員皆殺しにしてしまったのである。また、ベルリンの博物館に所蔵されていた芸術品も片っ端からソ連に運ばれていき、半世紀が過ぎたいまもなおロシアは永遠に返さないと宣言してはばからない。

アメリカ軍が日本を占領していた時代は、焼く、殺す、盗るといった事件はあまり聞かれなかったものの、ただ強姦案件だけは枚挙にいとまがなく、多いときには一日千件以上にも上ったとされる。これも無条件降伏がもたらした勝者への優遇なのだろうか。

日本人には中国人にあるような「死んでも恥を受け入れない」といった羞恥心がないの

か、それとも羞恥心を表現する機会がなかったのか。日本政府は、こうした問題が一般女子に及ばないように「貢献の精神」を呼びかけて「慰安婦」を組織し、愛国女性たちが軍人の売春婦となったのである。

戦犯である東条英機は、自分にも娘がいることから、「彼女たちも迫られればそうしていただろう。もしブラックマーケットがなく、こうした生計の立て方がなければ、誰がいまのこの国で生きていけるのか？」と語って部下たちを納得させたという。

ドイツと日本はこうした戦争の報復にさらされたが、それは同情に値しない。彼らの侵略戦争による罪は、これくらいの報復ではとても埋められないのである。私が言いたいのは、ただ、こうした場面でどちら側かに「仁義の師」が現れることを夢想することは、簡単でありまた幼稚で可笑しいということだけである。中国のように進んで賠償を放棄し、百万人の侵略軍の軍人を帰国させ、戦犯の起訴・収監を見送ったことは現代の国際潮流にも合致しないことだ。

ズゥオヤ　敵であるドイツ軍の後方で行う攪乱作戦に志願。作戦実行中に捕えられ、拷問の後に処刑された。

【最大の幸運・連合国への加盟】

そもそも日本は最初からドイツ、イタリアと同盟を組んでいたわけではない。一九四〇年九月になってやっと正式に日独伊の枢軸国同盟が結成されたのである。しかも、日本の上層部にはこれに対する異論は多く、とくに昭和天皇はたびたび不満を表していた。

アメリカは連合国側の主要メンバーであるが、やはり態度がなかなか定まらず傍観を続けていた。そして一度などは、親ドイツとして知られるフランスのペタン内閣と国交を結んだこともあったほどだ。だが、一九四一年十二月に真珠湾が攻撃され、自らも酷い目に遭い大恥をかいたことでやっと対日参戦を宣するのである。

ソ連も同じように、最初からドイツを天敵としていたわけではない。一九三九年には、逆に「独ソ不可侵条約」を結び、ドイツと謀議してポーランドを分割してしまった。そのまま一九四一年六月まで関係を維持していたのだが、ドイツが電撃的にソ連に侵攻したことによって慌てて国土防衛の戦いを起こさざるを得なくなったのである。

中国が連合国に加わったのも遅く、一九四一年十二月九日のことである。このとき中国は、アメリカの背後に隠れながらドイツとイタリアに宣戦布告したのである。

これ以前の中国にとって、敵は一つしかなかった。すなわち、日本である。そして、もしもう一つ挙げるとすればソ連である。ソ連は、ほとんど何の犠牲も払うことなくモンゴルを占領してしまっていた。

蔣介石の頭のなかにはずっと「ドイツと連携して日本と戦う」という構想があった。国民政府は十年以上にわたってドイツから大量の軍事顧問を招いていた。その数は、多いときには百人を超えたこともあり、その団長はドイツの前国防大臣のハンス・フォン・ゼークト（元ドイツ陸軍総司令官）である。ドイツは、長期にわたり中国に武器を提供し兵士の訓練を行い、最初の機械化部隊の創設を手がけてきた。

また、中国とイタリアの関係も良好だった。イタリアはドイツと共同で中国の空軍設立を助けたのだった。

イタリアとドイツは西側諸国のなかで最初に中国への外交使節団を大使に昇格させた二つの国（ムッソリーニ政府は一九三四年九月、ヒトラー政府は一九三五年五月）でもあった。

ヨーロッパでの戦争が勃発すると、蔣介石は英、米、仏との連合を計画したが拒否されて、今度は一気にドイツに目を向けたのだった。

一九四〇年十一月、中国大使・陳介はドイツ外相・リッベントロップと会い、日本と和解し、枢軸国に入りたいとの中国側の希望を伝えた。その後、独ソ間に戦争が勃発すると、日本に対ソ参戦を望むドイツが汪精衛の南京政府*を承認。そこにきてやっと重慶政府*はドイツとの断交を宣言したのである。

第二次世界大戦は世界規模の戦争であったが、国と国との合従連衡は決して社会体制や政治理念、思想によって決まったわけではなく、もっぱら国家・民族の利益であり、時にはもっと目先の利益によるものだった。

イギリスと日本は立憲君主の国であり、イタリアとソ連は互いに敵対する陣営に属したが、ともに社会主義の独裁国であった。

連合国のなかでも英、仏、ソはそれぞれ中国にとっては代々の仇敵である。

フランスは中国の属国であるインドシナを占拠し、イギリスは同じくビルマ、香港を占拠しチベットにも影響力を及ぼしていた。

またイギリスは抗日戦争で中国が追い詰められていたまさにその局面で、中国が西側からの援助を受けるための唯一のルートであるビルマからの援蒋ルートを三カ月以上にわたって封鎖したこともあった。

フランスには連合国寄りのド・ゴール政府と枢軸国寄りのヴィシー政府があり、後者ではなく前者の方が中国でのフランス租界やインドシナを手放すことを拒んだため、中国はしかたなくヴィシー政府との外交関係を結んでおり、一九四三年八月になってやっと断交したのである。

帝政ロシア時代、ロシアが占領した中国の面積は百万平方キロメートルに及び、その後、ソ連はモンゴルを独立させてしまった。

日本は、米ソそれぞれと「日米諒解案」、「日ソ中立条約」を結び、三カ国間で勝手に中国の領土を占領する権利を認め合い、中国の利益を毀損し、そこから各々が利益を得ていたのである。

南京政府　日本政府と反共派の中国国民党総裁・汪兆銘の間で昭和十三年夏から和平工作が行われた結果、汪が立てた日本の傀儡政権。蔣介石ら国民党主流は参加しなかった。
重慶政府　国共合作して抗日戦争中の一九三八年、蔣介石が重慶に立てた国民党政権。蔣介石が国民政府主席、国民党総裁、軍事委員会主席、陸海空軍大元帥などの要職を兼ねて独裁権を振るった。その後、中国共産党とふたたび断絶し、本土から台湾に政府を移した。

例えば、日ソの以下のような合意に見られるようにだ。

「ソ連は満州国の領土を尊重して保全し侵すことはない。日本はモンゴル人民共和国の領土を尊重し保全し、またこれを侵さない」（一九四一年モスクワ）

日ソが中国を分割しようとした企みは、中国に二つの難題をもたらした。

すなわち、日本と結んでソ連と戦えば満州を失い、ソ連と手を組んで日本と戦えばモンゴルを手放さなければならないという。

汪精衛の南京政府が主張したのが前者であり、重慶の国民政府の主張は後者だった。中国には、「掌も手の甲も同じく肉である」ということわざがある。では、どちらの肉を割くのが良いのだろうか？

日本と蔣介石の間ではずっと水面下での交渉が続けられていた。そして一旦それが成功すると、体面を繕うことのできる言葉として「抗俄（反ロシア）」、「反共」が唱えられるようになった。ただ、中国は結局のところ枢軸国に属するのか連合国に属するのかについては、一に「博打」であり、二に「きっかけ」であった。

そしてつまるところ中国は最後の希望をアメリカに託し、アメリカが連合国に入ったの

孫文（右）と蔣介石（左）

で中国もそれに続いたのであった。

国際社会にあっては永遠の友人もいなければ永遠の敵もいない。あるのは各国の利益だけである。利益は永遠に道義より優先されるのである。

もちろん、相対的に見ればアメリカはまだ道義を重んじる方である。アメリカは英、仏、露のような重い歴史の足かせを引きずってはいない。戦火の炎も自国の本土には届いていない。

中国の抗日戦争について言えば、「真珠湾攻撃」は一つの大きな鍵となる出来事だった。「真珠湾攻撃」の一報が中国・重慶に届いた当日、街の隅々から歓喜の声が上がり、工場、学校、政府などから人が街にあふれ出し、みな先を争って新聞を買い、互いに喜び合ったのである。

一方、日本の首都・東京でもこのころ騙し討ちの成功に人々が狂喜し、民衆が街にあふれ、勝利を祝っていた。

この二つの敵対する国の国民は、同じ時に同じ事件に狂喜乱舞したのであるが、これこそ世紀の奇観ではないだろうか。

【侵略戦争のもう一つの顔】

侵略戦争そのものには〝義〟などない。しかしながら侵略の結果については詳細な分析がほどこされるべきであり、一概に論ずるべきではない。

ヨーロッパでの戦争を発動したナチスドイツは、〝不正義のなかの不正義〟であるが、一方でそれが英仏による北アフリカの植民地統治に揺らぎをもたらし、それがひいては戦後のエジプト、アルジェリアなどの国々が独立を勝ち得ていく流れにつながっていったのである。

日本は太平洋戦争を発動したのであって、これが〝不正義〟の極みであることは言うまでもないことだが、その一面では、やはりインドネシアがオランダから独立を勝ち取り、ビルマ、マレーシアがイギリスから独立し、そしてフランスの影響力がインドシナから失われていくきっかけを作ったという見方も成り立つのである。

戦後に東京裁判が始まると、ガンジーを含む多くのインド人が、戦争犯罪という罪名によって侵略日本軍のリーダーたちを裁くことに反対の声を上げているのだが、その理由は、日本が英国の植民地統治に打撃を与え、アジアの解放に有利な状況をもたらしたからというものだった。

極東軍事裁判に出席したインドのパール判事は、審判の最後に、日本の二十五名の被告全員を無罪放免にするべきだとの意見書を提出している。

日本の中国侵略は、日本が単独で中国を呑み込む目的であり、中国が西側の手に落ちてゆくことを防ぐためではなかったが、中国が列強によって分割されていくことに対し、これが一定程度の阻害要因となったのもまた事実である。

一九〇五年、日露戦争によって日本はロシアの中国東北地方への野心を挫いた。もしあのときロシアが勝っていたなら、われわれ中国にとって良いことがあっただろうか。

スターリン時代のソ連は、中国の東北部を、「もともとロシアの領土だった」といってはばからなかったのであり、帝政ロシアの軍人たちはその土地――なかでも旅順――をずっと自分たちの故郷だと考えてきたことからもソ連に呑み込まれてしまった可能性は消せないのである。

南京政府が誕生した後、日本は直ちに北平（北京）、上海、広州など各地の外国人租界の治外法権を一挙に撤廃してしまった。これを見せかけのペテンであると誰が言えるだろうか。事実、このことに前後して各国の間で南京政府か或いは重慶政府を認める動きがにわかに起こり始めるのだ。そして、慈悲深い西太后も、袁世凱も、孫中山も、蔣介石も消し去ることができなかった〝国中国〟*といった奇観は、日本によって一瞬にして取り払われてしまうのだ。

映画俳優のブルース・リーは、映画の中で租界の公園の入り口に立つ「犬と中国人は入るべからず」の看板を怒って打ち壊し、ついでに通りすがりの日本人に一撃食らわすというシーンを演じているのだが、あにはからんや、中国人のためにこの看板を徹底して取り除いたのは、まさにその日本人自身であったという事実を知っているのだろうか！

ある者は、抗日戦争にさえ勝てば「租界は自然に返ってくる」のだと考えていたようである。しかし、この考えには何の根拠もなかった。帝国主義勢力はチリや埃のように掃いても掃ききれないものであり、もちろん自分からなくなることなどなかったからだ。

例えば、自由フランスのリーダーであったド・ゴールは、ヴィシー政権が租界の権益を放棄したことをなかなか承認しようとはしなかった。しかし、フランス租界は実態として、もう長く日本人の手に渡ったままでフランスの力はすでに排除されて久しかった。そのため、再建が困難と判断したフランスは、最終的には嫌々ながらも一九四六年二月になってこの既成事実を受け入れたのである。

イギリスもまた同じように、戦後になっても香港を〝自然に返す〟ということはせず、厚顔無恥にもその後も半世紀にわたって占領を続けたのである。

ソ連も同様に、日本が降伏しそうだと見るやいなや、急いでモンゴルを完全に独立させていることを見れば、「自然返還論」がいかに荒唐無稽であったかが分かるだろう。

むしろアメリカのローズヴェルト大統領は、戦後仏領インドシナを中国に返還すべきだと提案した。これは、アメリカにとってはお安い御用――ことのついでに恩を売るようなもの――であってアメリカの利益を損なうものではなかった。中国としては、本来もらえるものはもらっておくべきであったのに、この提案は蔣介石によって拒否されてしまったのだった。

中国の歴史には、かつて幾度となく他民族からの侵略をうけ占領を許した過去がある。例えば、秦朝*、元朝*、清朝*である。これらのすべてが外から来た侵略者が打ち立てた王朝である。さらに隋朝*、唐朝*は、外来民族の末裔によって打ち立てられた王朝である。

この他、侵入者が中国の中に小さな王国を建設した例を挙げればきりがないほどだ。

中国が今に至る広大な版図を有し、また中華民族が今日のように膨大な人口を有するまでになっていくのは、侵略者の存在なくして考えられないことであったのだ。

道理に照らして言えば、中華文明の先進性をもってすれば、当然、中国が外に向かって侵略するのが本来の姿であったはずだ。

しかし、事実はそうではなかった。

中国が発動した領土拡張のための戦いは、力を乱費し国や民に損害をもたらす結果しか残せなかったのである。しかし逆に、外部からの他部族の侵入は、往々にして大きな成果

国中国　国の中に別の国がある。
秦朝　紀元前二二一年〜前二〇七年。
元朝　一二七一年〜一三六八年。
清朝　一六四四年〜一九一二年。
隋朝　五八一年〜六一八年。
唐朝　六一八年〜九〇七年。

を残し、その都度、中国は大規模な占領や征服を味わうことになったのである。

しかし皮肉にもこの事実が、結果的には中国の版図をさらに拡大し、中華民族に新たな新鮮な血液を注入するという作用を発揮したのである。

侵略される規模や征服の徹底が強ければ強いほど、中国の領土は勢い良く広がっていったという事実は、決して中国人にとって耳に快い話ではないかもしれないのだが、それこそが、事実であったのだ。（参考資料『侵略者と亡国の民によって共同で築いた中国』より）

世界の中で、イギリスのように世界規模で植民地帝国を構築した国は他に見られない。彼らは間違いなく人類の歴史上最大の侵略者であり、彼らが仕掛けたアヘン戦争は、容易には治癒できない難病と恥辱を中国に持ち込んだのである。

しかし、その百五十年後、彼らは非常に現代化された香港を返してきたのである。一九〇四年に彼らはチベットに侵入したのだが、そのときからチベットには新しい政治制度が持ち込まれ、郵便局が設立され、発電所や印刷工場が建設され、警察機構が生まれ、銀行も設立された。さらに、茶の栽培が試験的に行われたのだ。

もちろんこれは中国からチベットを切り離すために行われたことであるが、このことが雪で閉ざされた貧しい辺境の地に窓を開き、新鮮な空気を導いた事実には変わりないのである。

イギリスに百年間統治されたインドは、一九四七年の独立の時、すでに五万キロメートルにわたる鉄道網を持ち、国土でその四倍もある中国が同じ鉄道網を持つまでには、さらに四十年もかかっているのだ。

イギリスは多くの国々や地域に産業革命の光を持ち込んだのであるが、中国もまた、このアヘンの売人たちと交わることによって、やっとその蒙が啓かれた国の一つであったのである。

【勝利も敗北も国家には常につきまとう】

ならばわれわれは、侵略戦争の利点を考えて、これを肯定し、無抵抗でこれを受け入れ、また旗を振って歓迎すべきなのだろうか？

そうではない。当然、奮起して抵抗すべきである。いくら侵略が一定の果実を残すとはいえ、その過程では国民に耐え難い災難と苦痛をもたらすからである。これは最も基本的な道理でもある。

だが、われわれがもし歴史を深く観察し分析しようとするならば、絶対にこれを単純な決め付けで見てはいけない。

八カ国連合軍が侵入してきたとき、義和団が国を守ろうとした行いは正しいのであるが、彼らが冷静さを欠いた愚行に走り無用な挑発や揉め事を引き起こせば、それは確実に国際社会から非難され、受け入れられることはなかった。

では、八カ国連合軍の進軍に対し、出兵して干渉する以外にさらに良い対処方法があったというのだろうか？　例えば、兵は一人も出さず、完全に話し合いだけを求めることだろうか？

全国各地で暴動が発生していた当時の事情を鑑みれば、朝廷にはこれをコントロールする力などなく、逆に外交使節団の生命の安全さえ保証できない状況であったことは明らかである。そんな状態で、誰と話し合い、どのように決着をつけられたというのだろうか。

また、清朝の将領・僧格林沁《サンゴリンチン》＊（以下サンゴリンチン）は停戦協議書を破り捨て、外国の軍隊を騙し討ちするという失敗を繰り返していたのである。外国からは、清国政府は道理も信義も通じず、自分たちの過去の栄光にしがみつく蒙昧な守旧政府であると決め付けられ、現在でいうサダム・フセインのように話しても意味のない相手というように考えられてしまっていたのである。

総じて言えば、この時代は人類の一種の悲劇である。そして中国はこの悲劇の最大の被害者である。ここでもし、中国がこの近代史の悲劇から何も学ばなかったとしたら、同じような悲劇は必ずもう一度繰り返されることだろう。

侵略という一面を見たとき、抵抗することは正しいことである。しかし、われわれは同時に二つのこと——勝つ可能性と負ける可能性——を考えなければならない。

中国人なら誰もが知っていることだが、勝敗は兵法家の常である。兵法家の常であれば国家にとってもまた同じである。

戦いに勝てば良し。しかし、負けたときにはどうするのか。とくに徹底的に負け、国を

僧格林沁　清のモンゴル族の将領で太平軍の北上を食い止め、一八五九年には英仏連合軍を打ち破るなどの軍功で知られる。

失い、完全に征服されてしまったとしたらどうなるのか。大きな敵の前に立ったとき、こうした議論はなかなか進まない。士気に影響するからだ。

しかし、逆にいまのように硝煙のにおいから遠ざかっている平和な時代には、詳細に歴史を観察し、こうした議論を深めておくことは決して無駄なことなどではなく、むしろ不可欠なことではないだろうか。

第二章　日中　与え合う影響

【もし日本が戦勝国であったらどうなっていただろうか？】

歴史の経験から判断したとき、その結末には、こんな筋書きがあてはまるのではないだろうか。すなわち、日本は最終的に中国の一部となり、ここに古くから中国と関係が深い朝鮮、完全に主権を有していない属国が加わるという具合であったのではないのか、と。中国の歴史では、元朝の忽必烈《フビライ》＊（以下フビライ）が日本を併合しようと二度も海を渡っている。しかし、この二回とも日本を中国の版図に組み入れることはかなわず、ついに東の島国を征服するには至らなかったのである。

ある者は、歴史に〝もしも〟の推測は成り立たないというかもしれない。ただ問題は、もしも日本にその気があれば、まぎれもなく歴史は塗り変わっていただろうと考えられる

忽必烈　在位一二六〇年〜一二九四年の元の世祖。成吉思汗（チンギス・ハーン）の孫で優れた政治家で軍略家とされる。

ことだ。

日本の中国侵略の政策決定者たちは、ずっと中国がいかに外部民族に侵略されてきたのかの歴史を詳細に検討してきた。そしてこのなかから得た教訓によって計画的に順序だてて行動してきたと考えられる。

太平洋戦争を発動する以前、日本の主要な目標は中国であった。日本は中国に侵攻する前に「日中一体」、「同文同種（族）」という宣伝を大々的に行っていた。これはもちろん彼らの侵略行為をカモフラージュするためのスローガンだったが、この目的のためには絶妙なタイミングでこんな解説もつけられた。

それは、十六世紀に日本を統一した豊臣秀吉が夢見た「北京を倒して皇帝になる」ことであり、中原に入り、中国の一部となることだった。

【最も中国文化に近い侵入者】

では、日本人はいったいどこから来たのだろうか？

もちろん海から来たのではない。そしてまた島固有の民族でもない。最も有望視されるのは、中国から渡ってきたという説だ。

民族学者たちの論じるところによれば、大和民族はシベリア及び中国の東北部のツングース、南洋群島のマレー人、インドシナ半島のインドシナ人、揚子江下流の呉越人、及び漢民族と朝鮮民族が混合することで生まれたとされている。そのなかでも、中国人がその組成の主体であると考えられているのだ。

一九九六年から、中国と日本の学界は共同で「江南人骨調査団」を結成し、中国の江蘇省で発掘作業を行ってきた。そして発掘された春秋時代から西漢時代*の人骨及び同時期に日本の北部九州と山口県で発見された縄文から弥生時代とされる人骨を三年間にわたり比較研究した結果、DNAの配列検査から判断しても両者が同じ源でつながっていることが明らかになったのである。

これにより、日本人の先祖は中国人である可能性が濃厚となり、中日両国は同種であると考えられるようになったのである。（『産経新聞』一九九九年三月十九日を参考）

西漢時代　紀元前三世紀から一世紀。

前述した俳優ブルース・リーは、アメリカ国籍の中国人である。彼は当初アメリカで俳優を目指したが、ハリウッドにはアジア人を蔑視する風潮があり、彼はアジア人のさえない容貌のため、一旦香港に渡らざるを得なかった。そしてリーは、ここで成功をつかみ、最後には世界の映画界を揺るがすまでの存在となり、アメリカ人の心の英雄と呼ばれる俳優となったのである。もちろん、中国人はアメリカ人以上に彼のことを誇り、現在でも精神的英雄として尊敬を集めている。

アメリカ人は近年、ブルース・リーの自伝的な映画「ドラゴン　ブルース・リー物語」を撮影したが、そのなかには非常に味わい深いワンシーンがある。

それは、彼とその妻が一緒に映画を見ているシーンなのだが、目の前のスクリーンのなかには容姿の醜く動作も奇怪な日本人が映っていた。アメリカ人は、彼の妻を含めてそのバカっぽい日本人の姿に大笑いしているのだが、ブルース・リーだけはニコリともせず、次第に表情を曇らせ、最後には席を立って出て行ってしまうというシーンだ。

西洋の人々から見れば、日本人も中国人も同じである。日本人が冷やかされているのは、中国人が冷やかされるのと同じであり、中国人がそれを見れば日本人以上に腹を立てるはずだ。ブルース・リーは自らの映画で、中華民族の文化精神と民族としての性格をアメリカ人に対して示し、彼らに「人種差別」を反省させる材料としたのである。

もう一つ映画の話をすれば、中国国内で撮影され愛国心に訴えかける作品として知られる「円明園炎上」という作品のなかで、モンゴル族の将領・サンゴリンチンが騎兵隊を率いて英仏連合軍の砲撃の中を突撃するシーンがある。祖国を守るために硝煙がたちこめる中を、血飛沫《ちしぶき》を飛ばしながら奮闘する彼らの姿は、まさに中国の観衆の涙をさそい、侵略者たちへの怒りの血を沸騰させる場面である。だが、よくよく冷静に考えてみれば、六百年前、サンゴリンチンの祖先は、英仏軍が行った侵略に比べて百倍ともいわれる侵略を行っていたのである。彼らは、全中国に蹄鉄を響かせ、南宋の皇帝を飛び込み自殺に追い込み、民族英雄を「零丁洋裏　零丁を嘆ず*」と詠うまでに追い詰めたのである。

さらに、中国を代表してこの国を外国に売り飛ばしてしまった満清政府（清朝）は言うに及ばない。彼らも二百年前は、侵略者であったのだ。

この視点で見れば、アヘン戦争を仕掛けて香港を占拠したイギリスも、その百年後には中国と組み、中国を侵略しにやってきた日本軍と戦ったのである。

このことを考えれば、歴史がいかに複雑であるかが明らかであろう。これを単純化して考え、断じてしまうことに意味などない。


歴史上、中国を侵略した主要な侵入者のなかで、日本は最も中国文化に近い存在である。文化の脈絡からいえば、日本こそ中華民族に最も融合しやすい民族であるはずなのだ。日本でも中国と同じく漢字が使われてきたのだが、漢字そのものの意味は、秦の始皇帝が全国統一後に行った「文字の統一*」などといったものが必要なかった日本では、ほとんど原意のまま伝えられてきたのである。

また日本は農耕民族であり、遊牧や狩猟を主とする匈奴《きょうど》、鮮卑《せんぴ》、契丹《きったん》、女真《じょしん》、満州人《まんしゅうじん》、モンゴル族のように〝漢人化〟するのに大きく生活習慣を変えさせたり、変えたりする必要はない。

日本の文物章典は、中国を模したものであり、宗教に始まり服飾、習慣、民族の特性から価値観や倫理観にまで広く中国の影響が残存しているのだ。

つまり、歴史のなかで中国に侵入したどの他の民族よりも中国とのつながりは深いのである。

今日でも、日本人はといえば、中国の少数民族であるチベット族*やモンゴル族*、回族*、ウイグル族*、乃至は壮族*、苗族*、彝族*、瑶族*、傣族*よりも中国人のようでもあり、場合によっては人口の九三%を占める漢人よりもさらに中国人的なのである。

近年、アメリカの製作会社により中国の歴史に材を取ったアニメ映画「ムーラン」が公開されたが、それを観た中国人のなかの多くが、劇中の人々がまとった衣装を「中国人のものではなく日本人みたいだ」と指摘し、「西洋人はやはり中国の文化を軽視している」と怒った。

零丁洋裏　零丁を嘆ず　この零丁洋にあって、本当に零丁＝独りぼっちになってしまった。この詩を詠んだのは文天祥という人物で、元軍の入寇時には丞相。元に捕らえられ降伏を迫られたのに対して最後まで抵抗し、その意思を示すために読んだのが「過零丁洋（零丁洋を渡る）」であり、引用されているのはそのなかの一節。

文字の統一　文字の他に法律、貨幣、度量衡、車幅などを統一した。

チベット族　西蔵・青海・四川などに分布、人口約五百四十二万人。

モンゴル族　内蒙古・東北部に分布、人口約五百八十一万人。

回族　寧夏から北京まで全国に広く分布、人口約九百八十二万人。

ところが――。あにはからんや日本人の民族衣装こそ、まさに一千年以上前に中国から持ち込まれた服装であり、和服はまたの名を〝唐服〟とも呼ぶのである。

中国本土の民族衣装は、一千年の時間の移ろいにともなって大きな変化をたびたび強いられてきた。殊に清が山海関を越えて侵入してからは、漢人は満州人の伝統衣装を着ることを義務付けられ、その後は旗袍*、長衫*、馬褂*、瓜皮帽*が転じて中国の民族服となっていったのである。

【中国人よりもさらに中国的な日本人】

日本が最初に占領した満州国の状況を見れば、日本から移住した人々が非常にすばやく中国化したことがよく分かるはずだ。そこでは、いわゆる〝五族共和*〟とまではいかないまでも、一種の鷹揚な政治主張も存在しており、元朝のように人を四つに分け隔てることもなく、清朝のように満人と漢人との結婚を禁じるようなこともなかった。

日本が東北部をコントロールしたのはほんの十数年に過ぎないが、日本が敗戦したときには、ほとんどの日本からの満州移民は中国語を話すことができ、大陸生活にも馴染み、一部の服装や食習慣を除けばほとんど中国人と変わらない生活をしていたのだった。

一般住民同士の衝突も清朝の初期より遥かに少なく、中日間での結婚も決して珍しくなかった。日本が敗戦したとき、多くの移民が、いっそのこと中国に残ることを選択したことや、大量の孤児が中国の家庭で育てられたことは、やはりこの事情を証明しているのではないだろうか。

ウイグル族　新疆などに分布、人口約八百四十万人。
壮族　広西・雲南などに分布、人口約千六百十八万人。
苗族　貴州・湖南・雲南・四川などに分布、人口約八百九十四万人。
彝族　四川・雲南・貴州などに分布、人口約七百七十六万人。
瑶族　広西・湖南・雲南・広東などに分布、人口約二百六十四万人。
傣族　雲南などに分布、人口約百十六万人。
旗袍　婦人のワンピース。
長衫　単衣の長い男物の衣装。
馬褂　乗馬服。
瓜皮帽　六枚の布でつくるツバなし帽。
五族　この場合は、日、満、蒙、朝、漢。

歴代の侵略者たちは常に武力により中国を征服してきたのだが、一方では中国の文化によって逆に征服されてしまうのだ。

これがいわゆる〝漢化〟である。

中国の文化の優劣とこれは別の問題であるが、中国の文化が発揮する強大な〝同化力〟は、衆目の認めるものだ。同化にはもちろん外来文化との融合が含まれ、ときに中国は大量の外来文化と融合し、大量の外部民族の血統をも受け入れてきた。

これは一方通行の同化力というよりも、むしろ包容力である。こうした力は中国本土でこそ強烈であるが、海外でも少なからず発揮されてきた。

西洋と東洋が入り混じって存在する香港、マカオは東西の文化が激烈にぶつかる最前線である。中国大陸はこの二つの窓口からどれほど多くの西洋の文化を吸収したことだろうか。そして、逆に中国は世界の主要都市の中華街を通じて中国の文化を広め、見知らぬ土地に少しずつ物を運び込み、浸透させた。

外来の文化に対抗しうる文化とは、例えばインドのようにそれ自身が強大であり、また、外来の文化を凄まじいスピードで受け入れる文化とは、例えば日本のように活力が満ちているのだ。

では、いったい中国の文化はどちらの種類に属するのだろうか。

日本人は一般に中国文化に対する理解が深く、これを尊重して止まない。日本軍は中国を侵略して、殺人、強姦、略奪など悪の限りを尽くしたが、それでも中国の文化を故意に意味もなく破壊することはなかったし、なかにはかえって保護しようとする者もあったのである。

映画「さらば、わが愛／覇王別姫」のなかで、一人の京劇を熱愛する日本の軍人・青木（モデルとなったのは長谷川という文化担当の将校だとされる）が登場するが、彼の京劇への深い思い入れを疑問視する者はいないだろう。

日本の占領軍は、梅蘭芳*、斉白石*、周作人*などといった文化人を尊重していた。彼らに公職への就任を打診したこともあり、たとえ彼らに拒否されても危害を加えるようなことはしなかった。

そのため被占領区の文学は非常に活気があり、張愛玲*などといった優秀な作家も輩出された。被占領区の一人の作家は、抗日ゲリラに参加する青年を主人公にしたストーリーを書いたのだが、それでも上海で正式な出版が認められているほどなのだ。

秦の始皇帝の行った「焚書坑儒*」や清朝の雍正*・乾隆帝*時代の「文字の獄*」、また（われわれの）国共両党政権が行ってきた暗殺を含む作家への迫害、反右派闘争*、文化大革命*などを考えると、日本の占領区がいかに開明的であったかは明らかだろう。


尊敬や敬慕は同化の第一歩である。日本人は往々にして中国文化への理解が深いと自負している。数多くの映画や文学作品のなかには、多くの日本軍人が中国語を話し、〝中国通〟を自称している姿が見つかるのだが、これは事実を反映したものである。

文学作品『紅灯記*』のなかに出てくる日本の憲兵隊隊長で元医師の鳩山は、専門に中国を学んだこともないのに中国の言語と人情に精通し、機密の暗号を解読するため、まず「宴会を設けて交友」した。

このことからも、一旦、日本が中国を征服すれば、こうした侵略者たちが中国人以上の中国人になることは容易に想像できる。少なくとも、数多の南方中国人よりも中国語の流暢なことは間違いないだろう。

そもそも蒋介石や毛沢東といった、訛りのきつい国共両党のリーダーと鳩山のような日

梅蘭芳　一八九四年〜一九六一年。世界的に有名な中国の京劇俳優で、世界に京劇を広めた人物としても知られる。中華人民共和国成立後は全人代の代表などを務める。
斉白石　一八六四年〜一九五七年。著名な水墨画の画家。中国美術家協会主席を歴任。
周作人　一八八五年〜一九六七年。作家・魯迅の実弟で現代文学者であり翻訳家として知られる。新中国成立後は日本軍への協力を問題にされ漢奸罪で収監された。
張愛玲　一九二〇年〜一九九五年。有名な女流作家。若いころから英字紙などを中心に作品を発表。香港では日本軍の占領を体験。晩年はアメリカで過ごした。
焚書坑儒　詩経・尚書などの百家の言説を一律に焼却し私学を禁止。約四百六十人の儒生を生き埋めにした。
雍正　一六七八年〜一七三五年。清の第五代皇帝。
乾隆　一七一一年〜一七九九年。清の第六代皇帝。
文字の獄　筆禍事件＝知識人らに対する思想弾圧。
反右派闘争　一九五七年、毛沢東が仕掛けた政治闘争。「百花斉放・百家争鳴」によって緩んだ空気の中で起きた政府批判のターゲットが最高指導者層にまで及んだ後、「ヘビを穴からおびき出した」として、知識人などを中心に右派のレッテルを貼り、一気に打倒に転じた。批判・打倒された者の数は、一年間で約五十万人に上ったといわれている。
文化大革命　一九六六年、毛沢東の呼びかけによって大衆が動員され口火が切られた政治闘争。十年に及ぶ内乱で数千万人が批判・打倒され、その多くが撲殺されたり獄中死したとされる。

本人を並べ、中国語を学んだ西洋人にどちらが中国人かを尋ねたら、おそらく多くの者が間違えたことだろう。

日本は古来、中国文化の影響を受け、これを「上国之学問」（主国の学問）として国の政治を論じる場合の根本とした。

明治維新以後、日本は西洋の政治・経済体制を取り入れたが、その一方で天皇の権力を強化し、志士たちは〝尊皇攘夷〟、〝神州不滅〟を叫ぶなど、中国化を強化した。甲午戦争（日清戦争）の前には、とくに厳かな文学作品はほとんど漢文のまま出版されており、これは知識のない女性や子供に向けた本でないことを示すものだった。

【中国の言語に日本が与えた甚大な影響】

われわれは長い間、中国文化の日本への影響を強調してきたのだが、これにはもう一つの面がある。

すなわち、中国文化、なかでも近代以降の中国が深く日本の影響を受けていたことである。中日両国の文化融合は、相互的なものであって決して一方通行ではなく、また互いに積極的に取り入れたもので押し付けあったものでもない。

　ここで指摘するのは、中国人が描いた抗日戦争映画のなかに登場する〝大大的〟*、〝統統的〟*、〝米西米西〟*、〝死了死了的〟*といった租界の侵略者たちが使った言葉――日本の軍人が使ったとされる特徴的な片言の中国語――の類ではない。そんな単純で可笑しいものではない。

　中国の言語や文字、政治・軍事、改革・革命、科学・教育、……乃至は風俗・礼儀、どれ一つ日本の影響を受けていないものはないのだ。

　一世紀以上の間、世界の中でこれほど大きな影響を中国に及ぼした国は日本のほかには

紅灯記　文化大革命の時代に毛沢東夫人・江青の指導の下に誕生した「革命現代京劇」。抗日運動に参加した共産党の地下党員が日本軍に捕らえられて処刑されるというストーリーになっている。

大大的　非常に、とても、大いに、の意味。

統統的　みな、全員、全部。

米西米西　メシメシ、ご飯。

死了死了的　殺す、死ぬ、死なせるなどの意味。

ないのである。

すでに一九一五年には、「将来小律師（和尚・道士）」と署名された作者によって「盲人瞎馬之新名詞」という本が記され、そのなかでは、戊戌《ぼじゅつ》変法以後、日本文が中原に広がっているとして流行していた五十九個の新名詞（新語）が挙げられている。

こうした語句のうち極少数のものは、歴史書のなかに残っただけ——例えば、「支那」や「哀啼毎呑書」*など——で消えてしまったが、多くは現在でもわれわれの間で広範に使われており、すでに現代漢語とは切り離せない存在となっている。

試しに、もしもわれわれが「抵制日貨」*よろしく日本文を排除したとしたならば、中国語はどうなってしまうのだろうか？

——取締、取消、引渡、様、手続、的、積極的、消極的、具体的、抽象的、目的、宗旨、権力、義務、当事者、所為、意思表示、強制執行、第三者、場合、又、若（もし）、打消、動員令、律、大律師、代価、譲渡、親族、継承、債権人、債務人、要素、損害賠償、各々、法人、重婚罪、経済、条件付契約、衛生、盲従、同化。

これは民国初期の不正確な統計であるが、実際は五十九語句どころではなかったと考えられる。もしもいま、同じ調査を行ったとすれば、結果はわれわれをさらに驚かせることになるだろう。

例えば、幹部、代表、圧力、排外、野蛮、公敵、発揮、趣旨、○○族、派出所、警察、憲兵、検察官、写真など。簡単に拾ってみただけでもこれほどあるのだ。

いま「経済学」、「哲学」、「社会学」は、もともと中国では「資生学」、「智学」、「群学」と呼ばれていたものだ。聞くからにこれらは日本文であったものが中国に馴染んだものである。

これらの〝日〟常用語は、実はあるものは古代の中国にも存在していたものなのだが、日本人はこれに思いのままの新しい意味を与えて使っているのだ。つまり、これを中国にもってくることは簡単なことだ。

哀啼毎呑書　哀的美敦書。アルチメータム＝最後通牒。

抵制日貨　日本製品のボイコット。不買運動を呼びかけるスローガン。

孫中山が反清朝の革命を起こした当初、彼は自らの行動を「造反」と呼んでいたのだが、陳少白がある日、日本の新聞を手に孫中山を訪ね、そこに「支那革命党孫文」と書かれているのを見せると、孫中山は手を打って喜び、「良いな、これは良いぞ。いまから『造反』という言葉は使わず『革命』と呼ぼう」と語ったことから、以後ずっと「革命」が使われるようになったのである。

また、「経済」はもともとの意味をたどれば「治理国家（国家を治める）」になるが、いまの中国で誰がそんな意味で使っているだろうか。もうとっくに「政治」という表現にとって代わられているのではないか。

小学生のとき、子供たちはいつも教師から「勝手に新しい言葉や意味、使い方をしてはいけない」と、中国言語の純粋な規範を守ることを教えられる。しかし、新しい言葉の出現は、それほど自在に軽々しくできるものでもない。

言語は、一種の概念の工具でもあるので、もし多くの新しい語句が入ってくれば、それに付随して言語上の表現だけではなく、社会構成、思想概念、文化形態へも大きな衝突と革新をもたらすのである。

もちろん日本から持ち込まれた言葉の作用を見ていけば、それは決して良いものばかりではない。例えば、日本は〝排日〟という言葉を中国大陸に持ち込んでいるのだが、日本はこの〝排日〟を口実として中国に対する不断の「圧力」を与え続けたのである。その後の日本は、彼らが持ち込んだ言葉を借りれば、「野蛮」さを「発揮」し、「侵略」し、そして最後に「世界」の「公敵」となったのである。

日本から中国に新しい語句が大量に入り込んだころ、一部の中国人の間に一種の不安が引き起こされ、その憂いは先進的な一派の人々さえをも動揺させた。大いに洋務*を進め思想的にも開明的だとされた張之洞*は、かつて文献のなかで「新名詞を使うな」と記しているのだが、そのとき彼が幕僚・辜鴻銘に「『新名詞を使うな』という言葉のなかの『新名詞』こそが日本から来た新名詞です」と指摘されたとのエピソードが残っているのだ。

辜鴻銘は、東西の学問に通じた世界的な学者であり、手放しで自分の国を愛したことで

洋務　西洋を学び中華を再興しようとすること。
張之洞　一八三七年〜一九〇九年。中国の代表的な「洋務運動」の推進者。

知られる人物である。だが、その辜鴻銘でさえ中国文明の成果を本当に継承したのは中国人ではなく日本人であると認めているのである。

漢、唐の時代に形成された中国文明は、元やそれに続く遊牧民族などの侵入によって断たれてしまい、蹂躙され、踏みにじられたことで大部分が消失したのである。

日本はフビライの来襲を跳ね返し、海外で真の中華文化を守ったのである。辜鴻銘はさらに、「日本人こそ本当の中国人であり、本当の唐代の中国人である」とまで語っているのだ。（辜鴻銘文集『中国文明の復興と日本』一九二四年発表）

【かつての学生は先生となった】

辜鴻銘の言論は、日本が中国を侵略するための口実として参考にされ、また利用され、「大東亜文化」の共同建設というスローガンの根拠の一つにもされてしまったのである。これはいわゆる歴史の悲劇である。

しかしながら、辜鴻銘の言葉にまったく道理がなかったわけではない。唐代からずっと漢民族は衰亡の道をたどり、遊牧民族侵入を許し、中国の支配者となることを受け入れてきたのは事実だからだ。

もっとも侵略者たちは、常に中国の章典制度を踏襲し、彼らの一部、乃至は全てが〝漢化〟してしまうのであるが、やはり文化発展の連続性は絶たれ、漢唐の文明は原型のまま残されることはかなわなかったのである。

なかでも元の時代に一度、そして清の時代にもう一度、大きな断絶が起きた。とくに清朝では、服装から髪型までが強制的に変えられ、まさに「中国人はどこにいったのか」といった有様に陥った。

度重なる亡国の不幸は、民族の心理や性格にも重大な変化をもたらした。中国人のなかには強烈な自尊心と強烈な劣等感が微妙に共存するようになったため、中国人は往々にして外の人々からは一見崇高であるかのように見えるのだが、実際は道義上のつまらない争いに陥り、漢の時代の豪胆さや唐の時代の包容力も失っているのである。

反対に日本は、審美観や情緒、風俗、礼儀、服飾、器具に至るまで唐が備えていた風情をそのまま保つことができたのである。前述した映画「ムーラン」の服装はまさにその一例である。

仏教はインドから中国に入り、中国の特色ある「禅学」へと発展を遂げたが、これもその後、日本によってさらに発展した。

また囲碁も中国が発明したものであるが、日本に伝わり、そこで制度と精神が形成されていったのだった。お茶も同じで、お茶は元々中国の特産であるのに、茶道は日本で生まれたのである。しかも、茶道は「道可道、非常道*」である。

中国では時に、「日本は中国文化の形式だけを学び、その精神を置き忘れた。珠玉をちりばめた箱を買って、中に入った珠を返す（まったく取捨の選択を間違えている）」と嘲笑する者に出会う。しかし私はこれには何の根拠もないと考えている。

取捨の間違いを「箱と珠」に喩えるのは、そもそも世俗的な問題に対してである。商業的な価値観で言うのなら、当然、箱は珠に劣る。しかし、文化という角度から見れば、箱の意義は珠より十倍も重要である場合も考えられるのだ。

なぜなら文化の具体的な表現は、すなわち形式である。もし形式さえないというのなら、そこにどんな精神があるというのだろうか。

中国という大地の上では、宋代以前の建築物はもうほとんどすべて焼かれて消滅してしまっていて、もし一千年前の中国の建築物を見たいと思えば日本に行って見るしかない。私は、古代ギリシアの文化精神が、いまだアテネの廃墟と化した古い建築物のなかに生きているとは思えない。同じように、漢唐のあの気位の高い文化精神が、明清以後の家屋にのんびりと生き延びているとは思えない。つまり、箱がなければ珠などさらに言うに及ばないのである。

甲午戦争（日清戦争）後、漢文は日本の学校の教科課程の中での重要性を大きく下落させ、次第に〝上国之学〟とはみなされなくなっていった。これも道理である。人の盛衰を見て威張ったりへつらったりすることは自然なことである。

これほど大きな中国が、あれほどの装備を持ち、それでも勝つことができないのであれば、それは民族か文化が確実に病んでいるということを示しているのだから。

逆に、中国が形勢によって相手と接する態度を変えないとでもいうのだろうか。

道可道、非常道　『老子道徳経』の中の言葉で「道の道とすべきは常の道に非ず」と訳される。この言葉の解釈はさまざまだが、このケースでは、「茶道は日本に生まれたばかりでなく、言葉では言い尽くせぬほどすばらしいものになった」という意味だと考えられる。

以前は〝夷〟と呼び、「足も真っ直ぐに伸ばせない」と言って馬鹿にしていた西洋人だったが、戦争に負けたとたん、今度は慌てて人を派遣して教えを乞うようになり、彼らから銃や大砲を買ったのは中国ではなかっただろうか。

また〝奴〟と呼んで最もバカにしていた日本人に対しては、戦争で負けたとたん領土を割譲し人を派遣して学んだのだが、再び日本が負けると今度は〝小日本〟と蔑みながら、「大人は小人の過ちを覚えていない」といった見栄っ張りな態度で侵略者である彼らを解き放ち、取るべき賠償も取らず、罰すべきものも罰せず、殺すべき者も殺さず、取り返すべき土地も取らなかったのに、また再び日本が世界第二の経済大国になると、今度は〝羨望と憎悪〟の入り混じった感情をむき出しにして、「謝罪せよ」、「賠償せよ」と求めるのである。

そして「子々孫々までの友好を」と謳う裏では、こそこそと犬や豚のように罵りながらも日本の製品には狂信的とさえいえるほどの信頼を寄せているのである。

これでも中国は形勢の優劣に流されていないだろうか？

一つの国や民族が強大になり、その文化が世界に対して大きな影響を及ぼす存在となれば、人は自然にそれを羨み憧れ、学習して吸収しようとする。

しかし、もし中国がその実力もないのに尊敬を保ち、師と仰がれることを求めるのだとしたら、その心理はもはや一種の病気である。

一八九六年から大量の中国人学生が日本で学習しているが、その数は一九〇六年には八千六百人であったという。この数字は当時、世界の中でも最大規模と呼べるほどの留学ブームであった。

なかでも興味深いのは、ほとんどの留日学生の目的が日本を学ぶことではなく、西洋文化を日本で身につけるため、或いは西洋の学び方を日本人から学ぶことであったという事実である。

つまり彼らが得たのは、日本人の手を経た西洋であり、また十分に日本の色がついた西洋の知識であった。

この留学は中国の有志、俊英をひきつけ、彼らは科学技術、教育、文学、軍事による救国を志し、また革命の道を探ったのだった。

こうした留日学生の中には、章太炎*、陳天華*、鄒容*、黄興*、蔡鍔*、宋教仁*、汪精衛、蒋介石、陳独秀*、李大釗*、周恩来、魯迅、周作人、郭沫若*、郁達夫*、李叔同*、胡風*、周揚*、田漢*、夏衍*、欧陽予倩*などがおり、辛亥革命の先駆者から国民党のほとんどの元老、共産党の創始者である〝南の陳独秀、北の李大釗〟、そして中国共産党の一大代表*のうちのなんと三分の一——たとえば李達*、李漢俊*、周仏海*、董必武*——が、みな日本への留学を経験しているのだった。

日本書籍の翻訳本も大量に中国にもたらされた。民国が生まれる前の十五年間に翻訳された日本の書籍の数は、計九百五十六冊もあったのだが、その逆はたったの十六冊しかなかったのである。また、民国成立後はこの傾向がさらに加速し、十五年間で翻訳された日本書籍の数はなんと一千七百五十九冊にも上った。こうした翻訳本が大量に入り、また教科書としても使われたことからも、日本が中国の文化や教育に与えた影響の大きさがうかがい知れるだろう。

中国の新文化運動の主要な内容の一つに、「口語文運動」というものがあり、これの前身を「文言合一運動」と呼んでいたのだが、その起源は明治時代の日本にある。

すでに「新名詞」が大量に入ってきたことは述べたが、実際、この方面での影響も日本から伝わり、中国の文体にも大きな変化をもたらしたのである。

中国の新しい小説、詩、劇も日本文学からの啓発を受けた。郭沫若の初めての詩集「女

章太炎　一八六八年〜一九三六年。中国の近代民主革命家であり、著名な学者としても知られる。
陳天華　一八七五年〜一九〇五年。近代民主革命家。一九〇五年、日本政府の出した「清韓留日学生取締規則」に抗議して自殺。
鄒容　一八八五年〜一九〇五年。近代民主革命烈士。日本で愛国運動に参加。中国に帰国後、捕らえられ獄中死している。
黄興　一八七四年〜一九一六年。革命家であり、中華民国創設者の一人。
蔡鍔　一八八二年〜一九一六年。近代の軍事・軍略家。
宋教仁　一八八二年〜一九一三年。中華民国創設者の一人。袁世凱派の放った刺客により、わずか三十一歳で上海にて殺害された。
陳独秀　一八七九年〜一九四二年。中国共産党創設者の一人で、中国共産党初代総書記。
李大釗　一八八九年〜一九二七年。中国における共産主義運動の先駆者であり、中国共産党創設者の一人。
郭沫若　一八九二年〜一九七八年。詩人であり劇作家であり歴史学者、そして政治家。
郁達夫　一八九六年〜一九四五年。近代文学者。一九四五年、日本の憲兵によって捕らえられ殺された。
李叔同　一八八〇年〜一九四二年。近代芸術家、仏法学者。優れた高僧として世界的にも知られた人物。
胡風　一九〇二年〜一九八五年。評論家であり詩人、翻訳家。

神」は日本で書かれたものであり、郁達夫の「沈淪」には日本の私小説の痕跡が残されている。また周作人の散文には日本の茶道の形式美があり、魯迅の雑文には痩せて色黒の影が見つかるが、それはまさに藤野先生*である。

【日本の影響を受けた「変革と革命」】

中国の新文化運動の第一歩が日本の地から踏み出されたことはすでに触れたが、当時の中国の体制改革と社会改造には日本が手本とされていたのだった。

日本も中国と同じように西洋の圧力にさらされ、東西文明の摩擦と衝突という点では中国人と同じような切迫した影響を避けられなかった。アメリカが砲艦により強引に開国を迫り扉を開かせた過程は、中国人にアヘン戦争の砲声を思い起こさせた。

しかし、明治維新の成功は日本をして〝脱亜入欧〟へと向かわせ、世界列強の一つへと上らせた。これは中国の良い手本となった。

一八九八年の戊戌変法で光緒帝は改革の発令をしたとされているが、その内容はほとん

周揚　一九〇八年〜一九八九年。文学者、翻訳家。新中国では全人代代表、中国共産党中央委員にも選ばれる。

田漢　一八九八年〜一九六八年。音楽家。中華人民共和国の国歌の作詞を手掛けたが、文化大革命の時代に獄中で死んだ。

夏衍　一九〇〇年〜一九九五年。作家、劇作家。

欧陽予倩　一八八九年〜一九六二年。有名な劇作家であり、映画監督。

一大代表　一九二一年七月二十三日から三十一日にかけて行われた共産党の第一回会議のメンバー。

李達　一八九〇年〜一九六六年。中国共産党創立メンバーであり、初代宣伝部主任。北平大学法学院教授、武漢大学長などを歴任。

李漢俊　一八九〇年〜一九二七年。中国共産党の創立メンバーであり、一大会議は当初上海フランス租界内にある李のアパートで行われた。

周仏海　一八九七年〜一九四八年。中国共産党の創立メンバーであったが、一九二四年に離党。南京政府の行政院副院長を務めたが、最後は捕らえられて獄中死した。

董必武　一八八五年〜一九七五年。中国共産党の創立メンバー。新中国成立後は中華人民共和国の国家副主席、主席代理を務めた。

藤野先生　魯迅が仙台留学中に師事した教師の名前。中国人に対する差別と偏見が蔓延する日本で、民族差別をすることもなく、魯迅にも平等に接し、熱心に指導してくれたこの教師を、後に魯迅は「藤野先生」という一編の作品として残した。

ど、明治維新を研究した書物「日本変政考」からの引用であった。

日本の伊藤博文首相は、この年も中国を遊歴しており、彼は中国の改革に対して何かの手助けをすべく心積もりをしていたと考えられている。そして中国側の一部には、伊藤を中国の首相として迎え、新たな行政を推進してもらおうと提議する声もあった。

だが、思いもかけないことにこの後間もなく政変が起き、維新派の理念は葬り去られる運命をたどったので、伊藤は日本に戻ることになったのである。

伊藤は、明治維新の重要な人物で、明治憲法の起草と帝国議会による議会制度の創設に大きな貢献をしたことで知られている。

もしも彼が中国に来て改革を行うのであれば、人間関係で追い詰められない限り、政治手腕を発揮して、改革は問題なく進められたことだろう。

かつて韓国は、「安重根撃斃伊藤博文（伊藤博文を撃ち殺した安重根）」という映画を撮ったことがある。そのなかでは伊藤がどうしようもなく貪欲で、覇権主義者で専横的侵略者であり、最後には愛国者・安重根に撃たれたことで人々から大いに喝采を浴びたと描かれている。

しかしその実、伊藤は非常に開明的な政治家であった。もちろん侵略者の一人であり、彼は兵を派遣して中国を打ち負かしたが、それは日本の国益のためにしたことで、歴史的に見れば、中国の皇帝が行った〝平定四辺〟と同じことである。

彼は首相在任時にイギリスによる治外法権を撤廃させ、韓国統監府の統監になってからはずっと温和かつ同情的な態度で治世し、在任期間中は、日本陸軍による併合を指す「朝鮮の議」に反対し続けた。

一九〇九年、彼が辞職しテロに遭って以降、朝鮮は日本に完全に呑み込まれ、その後に登場した寺内正毅によって高圧的で厳しい統治が始まり、このときから朝鮮では、まさに〝寒流がソウルに流れ込んできた〟と形容される悲劇が始まるのである。

中国の改革が日本を源流としていたということだけでなく、中国の革命そのものが日本からその第一歩が始まっている。

孫中山の足跡は全世界にたどることができるが、最終的に彼が革命の大本営としたのは日本だった。

彼は日本を盟友と考え、一八九五年の第一次広州起義（蜂起）が失敗した後、横浜に逃れ、辮髪を切り東洋人の体に適したスーツをあつらえ、口ひげをたくわえたのだった。

彼は後に、「日清戦争後、日本はさらに他国から尊敬されるようになったので、私は髭をたくわえ、日本人を装うようになった」と回想している。

その後ずっと彼は、日本人のような扮装をしていた。あの有名な〝中山服〟は、日本の学生服から変形させたもので、これは「両朝国服」、「民国服」、「毛服」のモデルとなったのである。

また、彼の本名は本来「孫逸仙」なのだが、それを「孫中山」と名乗っていたのは、彼が日本で持っていた名前（中山樵）と組み合わせたもので、意外にもこの名前が世に残ったのである。

彼が興した興中会のスローガンは、「満人を駆除し、中華を復活させ、合衆国政府を樹立する」だった。孫中山の考えの中では、日清戦争で北洋艦隊を打ち破り、朝廷に下関条約の調印を迫り、台湾と朝鮮を呑み込んだ日本は、駆除の対象ではなかった。それよりも日本と連合して満清皇帝と戦い満人を駆除することが先決だったのだ。彼はこの目的を達成するために、将来の政府でいくつかの重要なポストを与える見返りとして日本の軍人を革命軍に参加させようとしたほどだった。結局この計画は伊藤博文が反対したために白紙となったのである。

一九〇五年、中国同盟会が成立し孫中山、黄興、宋教仁が共同で六条の政治綱領を書き上げるのだが、このうち五条では「中日両国国民の連合」が謳われているのだ。

孫中山の革命が、日本政府外務省の秘密資金から援助を受けていたことは、もはや秘密とも呼べない事実である。

日本の方から見ても、「日中一体」、「共存共栄」と長く叫んできたこともあり、決して中国の革命家の片思いではなかった。

日清戦争後の日本では多くの人が中国を「支那」と呼んでいたのだが、これは「大清」という国名や漢文の中の俗称である「中国」と呼ぶことを避けると同時に、転覆させるという暗示を含んでいたのである。

支那は英語の音に日本語をあてたものだが、中国人から見ると侮辱を含んでいるようにも聞こえることから、第二次世界大戦で戦勝国となった中国は、これを日本側が二度と使わないように正式に要求したのである。「支」は末端であって中央ではない。

しかしながら〝日の出国〟は、まさに破竹の勢いで発展し、ついには中国との共同発展をリードするまでになったのである。

【両想いだった「中日親善」】

辜鴻銘の論調のように、多くの日本人は実は自分たちこそ本当の中国の伝統の輝きを継承していると意識しているのだ。

もしも東方と西方、もしくは黄色人種と白人との間で最後の争いが避けられないという局面になれば、日本は中国と連合せざるを得ない。そのときもし中国政府にその能力がなかったり、あるいは中国政府が日本の優越性に関する種々の言説に対してまったく妥協しないとしたなら、日本人は別の勢力を支持して政権に取って代わらせることを考えざるを得ないだろう。この別の政権とは、一つは孫中山であり、また袁世凱であり、張作霖・張学良親子であり、溥儀・溥傑の兄弟であり、蒋介石であり、宋哲元*であり、呉佩孚*であり、唐紹儀*であり、梁鴻志*であり、そして汪精衛であったのだ。

日本人のなかの有志には、大胆に中国や朝鮮の中に深く入り込み情報収集をした者がいた。

一八九八年、日本の大隈重信首相が日本は中国と協力、連合すべきとする〝大隈主義〟を提唱した。彼は、欧米からの侵略は民族差別に根ざしたものであり、「中国人民の生存は彼らだけの問題ではなく、明らかに日本自身の根本利益に影響する」との考え方から、日本は中国を助けてこれに対抗する以外に選択はないと、日本人に対して中国を深く研究し、中国を旅行し、中国人と交わるべきだとしたのである。こうして中国と中国人は日本のホットポイントとなり、当時の通俗的な読み物の中では、「北京を目指せ」が一つの流行語となったのである。

孫文と親しい関係にあった宮崎滔天は日本の外務省から派遣され経費をもらい、中国革命の活動に浸透し影響を与え、状況を報告しながら、こうした反清勢力を利用して清朝の反日を牽制する役目を帯びていた。こうした策略の中心にいたのが、外相であり大隈重信の重要な知恵袋の一人だった犬養毅（後の首相）である。

孫中山のほかにも多くの革命党の著名人には常に日本の特務――例えば、黄興の身辺には萱野《かやの》長知《ながとも》*がおり、宋教仁には北一輝がいた――がいて彼らに影響を与えた。興中会の最も古い名簿にある百二十九人のなかには、犬養毅をはじめ宮崎兄弟*、副島《そえじま》義《ぎ》

一《いち》、寺尾亨《てらおとおる》*、山田兄弟*、菊池良一《きくちりょういち》*、萱野長知（前出）などの日本人の名前があった。実際にはこれにとどまらない。

萱野によれば、孫中山と親しく行動していた日本人はおよそ三百人もいたという。単に「恵州之役」*の暴動に参加した日本人だけをみてもそこには、平山周《ひらやましゅう》*、山田良政、尾崎行昌、島田経一*、宮崎寅蔵（前出・滔天の本名）など六十七人が名を連ねており、このうち山田はこの戦役で没しているのだ。

これら中国革命に同情していた〝日本の友人〟は、良く解釈すれば中国を助けて専制王朝を転覆させたのであり、悪く見れば彼らはみな中国に対し拡張主義的幻想を深く抱く危険な存在であり、土肥原賢二などの「対華活動家」の類は、その先駆者でもあったのだ。

また政界人士にとどまらず経済界にはさらに多くのいわゆる〝大陸浪人〟がおり、彼らは山県有朋や桂太郎などの政党や軍部に資金を提供し、その一方で彼らのコントロールを受けていた。

日本は、一方で中国に浸透し侵略を行いながら、その一方では中国が強大になり列強の勢力に抗する力を発揮することを望んでいた。一方で中国人を蔑視し嘲笑しながら、また

宋哲元　一八八五年〜一九四〇年。中華民国国府軍の将軍で「抗日の名将」として名高い人物。
呉佩孚　一八七三年〜一九三九年。北洋軍閥の首領。
唐紹儀　一八六〇年〜一九三八年。国民党の元老の一人として知られる人物。
梁鴻志　一八八二年〜一九四六年。近代・北洋軍閥統治下の官僚。一九四六年、国家反逆罪で処刑された。
萱野長知　一八七三年〜一九四七年。玄洋社系の大陸浪人で、孫文革命に共鳴し、その後は日本と重慶政府との和平のため奔走。蔣介石とも会談を重ねた。
宮崎兄弟　一八七一年熊本生まれで孫文革命を支えた最も有名な日本人である滔天とその兄ら四人兄弟。
寺尾亨　一八五八年〜一九二五年。外務省参事官、東京帝国大学教授。亡命中の孫文と交流した。
山田兄弟　青森県弘前市出身の良政・純三郎の兄弟。良政は、海軍省嘱託・南京同文書院教授などを経て「恵州の起義」で死亡。純三郎は、孫文の臨終に立ち会ったただ一人の日本人。
菊池良一　一八七九年〜一九四五年。代議士、山田純三郎の従兄弟。
恵州之役　一九〇〇年、辛亥革命の最初の武装蜂起。恵州の起義。
平山周　一八七〇年〜一九四〇年。孫文革命を支えた日本人として知られるが、革命後期には中国人同士の諍いに疲れて離れてしまう。
島田経一　一八六六年〜一九二七年。日清戦争では陸軍通訳を務め、その後、孫文の革命に共鳴してこれを助けた。

一方で中国の悠久の文化を崇拝する。日本の中国革命党との交わりや扶助には誠意や善意がなかったわけではないが、その一方では常に施しているとの傲慢な態度と冷淡さを忘れなかった。

こうした矛盾する態度には、日本のなかに断ち切れない思い——あなたがダメなら私が中国を治めよう。そうすれば必ずもっと良くなる——が反映されているのだ。

結局、日本人が中国人よりもうまく中国を治められるのかどうかはもう一つ別の問題である。

まず、日本人はどうして中国の政治に介入しようとしたのか。中国が常にでたらめな治世を行い、極度に堕落し、また専制を諦めようともせず、民主も人権もかえりみず、内戦が止まず、幹部や官僚が腐敗しているからだろうか？

もちろんそうではない。彼らを突き動かしたのは危機感であり緊迫感であり、使命感だった。それはまさに、第二次世界大戦の後に中国が朝鮮やベトナムに兵を出し、ビルマやカンボジアの共産党ゲリラを訓練したのと同じである。もっと遡れば、二、三百年前に清の軍隊が万里の長城を越えて新たな政権を打ち立てたことこそ外族政権の鑑《かがみ》である。

もし日本に中国を征服する能力さえあれば、それは中国の歴史に新しい王朝が加わるだけのことで、外部の民族が中原に入り中国人となることと同じである。

孫中山は、革命の戦費や活動費を調達するため、日本の朝野の支持を得る目的で、中国の東北部と蒙古を交換条件として差し出すという提案さえしていた。日本は計画的に中国への浸透を行うと同時に、常に革命党や軍閥からの妥協や許可を引き出し、中国を呑み込むという野心を着実に進めていた。

一九一五年一月十八日、日本の駐華公使が袁世凱大総統と面会し、二十一か条からなる決議書への署名を要求した。これが歴史の中で言う「対華二十一か条」である。これは、その年に日本が中国革命を支持した見返りを日本が要求したものである。

二月五日、中国政府が日本との間で条約に関する話し合いを始めたばかりのころ、孫中山と東京との間では十一か条からなる「中日盟約」がすでに秘密裏に交わされていたのである。

この盟約は、売国条約として名高い「対華二十一か条」とそっくりなのである。つまり革命党の人々は、封建王朝や北洋軍閥よりもさらに〝前衛的〟だったのだ。

【日本統治下の中国】

日本はまず朝鮮を占領した後、台湾を占領し、次に満州、そして華北、華東、華南と占領した。これらの被占領区では、戦闘状態が終わり社会に一定の安定が回復されると、まだゲリラやレジスタンスとの争いは続いていながらも、土地の人々は基本的に占領者がどのようにこの地を治めるのかを見てみようという態度を見せるものだ。

台湾は五十年の割譲を経て、再び中国に戻り、すでに五十年を超えた。現在、老人世代の台湾人には日本統治時代を懐かしむ者が少なくない。日本人は法を重んじ、国民党のような「白色テロ」を行うこともない。教師と警察は日本時代には最も尊敬される市民の職業であり、李登輝は「二十二歳までは日本人」を自称し、日本からの訪問者を熱烈に歓迎する。彼はもしもこうした老人世代が存在しなければ台湾の民主の基礎はとっくに失われていたはずだと考えているほどだ。

日本の台湾統治時代、島では科学的で合理的な管理法が持ち込まれ、銀行が設立され、鉄道がしかれ、基隆や高雄などの港が拡張・整備され、ラジオ局が生まれ、上下水道やガスが整備され、一時は台湾経済の六割を占めた製糖業の基礎が築かれたのである。

また、アジアに誇る灌漑、排水、冠水防止設備をもつ嘉南大圳、桃園大圳も整備された。産業研究を行う「台湾総督府中央研究所」がつくられ、都市計画や数々の法規も整い、台湾の交通、衛生、治安、経済の質が向上し生活レベルの底上げが起こったのである。このことは国民党統治下で現代化が進められるときの基礎となり青写真となった。

このころ、台湾の一部産業には、日本本土よりも進んでいたものもあったのである。一九四〇年、台湾の工業生産の総額は農業の一・四倍となり、台湾の工業化は実現されたのである。（楊永良『日本統治時代の台湾建設』）

われわれは、日本の台湾建設を批判することはできる。その「出発点」（目的）が悪い、その手段と態度もあまりに専横的で強引であったと。しかしその結果、台湾には近代国家としての基礎が築かれたのである。一人の作家の言葉を借りれば、「日本は台湾に近代化の卵を産ませるために、やせ細った鶏を太らせた」（伊藤潔＝劉明修『謎の島、台湾』）ということになるのだろう。

満州は清朝の発祥地である。もともと彼らは漁猟や遊牧を主な生活手段にしていたため、広大な農業処女地が長い間放置されてきた。そのため、中国の農民たちにとって新たな開墾地として〝山海関外への入植〟は大きな魅力であった。

しかし、日本が降伏したときには東北部はすでに重工業の集積地とさえ言われるほどであった。そのことは数字の上から見ても明らかで、単に全中国の重工業の八〇％を占めるだけでなく、質的にも最高レベルの産業基地へと変貌を遂げていたのである。

ソ連の紅軍が東北を〝解放〟したとき、彼らは無数の工業設備を解体し、持ち去ってしまったのだったが、それでも東北全域に張りめぐらされた鉄道路線はどうすることもできなかった。この鉄道網の密度は、いまもなお中国で最も充実しているほどである。

大連は同じように居住地として中国で最も良い都市の一つだが、ここにも日本人が行った数十年計画の布石の痕跡がみつかるのである。

海南島は、中国にとっての〝天涯海角（辺涯の地）〟である。古くは犯罪人を流刑に処した荒れ果てた島だった。

日本に占領されて以後、日本は第二の台湾をつくりだすために建設的に治め、コントロールを緩めて土地の人々の手による鉄道経営を進めた。

日本人は村を回り、衛生面での検査を行い、子供たちに甘い飴を配った。彼らは満州でもこうした〝小恩小恵〟*という日本人の習慣を持ち込んでいたのである。

東側はゲリラの活動が活発で戦争状態にあり軍民の関係は緊張し悪かった。唯一つ西線(鉄道)は日本人が手掛け、また鉱山の開発も行われた。

共産党が取り戻して以後は、海南島は省から格下げされ、何も新しい建設がされない一方で、掠奪式の破壊的な資源の持ち出しだけが続いた。それは、もともと自分たちのものではなく、いつか誰かに取られてしまうものであるかのように大陸に持ち出されたのだった。こうした状況は、改革・開放によって海南島が大特区になるまで続けられた。

フランスの作家アルフォンス・ドーデの「最後の授業」は世界文学のなかの名作として知られているが、侵略の苦味を腹いっぱいに味わったことのある中国人にとってこの作品は切実な感動を与えてくれる。

小恩小恵　小さな恩恵を与えてちょっとした負い目を感じさせるやり方。

作品は普仏戦争で領土を奪われるフランス人の怨み――教師はドイツに占領されるという最後の日に、明日からは許されなくなるフランス語で授業を行う――を描いている。

この視点から見れば、中国の被占領区はまだ幸運だった。日本の占領者は中国語の授業を禁止したことはなかったどころか、かなりの程度は寛容であったからだ。向学心のある学生には、日本の占領区を離れて国民政府が管理する地域へ学びにいくことも許されていた。

八年にわたる抗日戦争中に、最も早く日本の手に落ちた北平（北京）を例に取れば、日本の敗戦が決まったとき、多くの著名な大学の設備も図書の数も非常に充実していた。抗日戦争前の一九三六年、中国の高等学校の数は百八校しかなかったが、一九四五年の終戦時には、高等学校は百四十一校になっていた。高等学校の教師も七千五百六十人から一万一千百八十三人に、学生は四万一千九百二十二人から八万三千九百八十四人へと倍増したのである。（屈儆誠『現代物理学が中国で主導的に発展した原因』）

たくさんの新しい大学――上海交通大学や上海医学院、ドイツ医学院、雷士徳工学院、上海商学院、上海音楽院など抗日戦争勝利後に政府によって取り潰された六つの偽学校――も被占領区で設立された。

愛国者の視点から言えば、もし被占領区に学校がなければ、青少年は学ぶ場所を奪われ、中国の復興に貢献することもできなかったはずだ。張春橋の〝たとえ……であったとしても、決して……を選択することはない〟論*は、彼の独創的な考えでもなければ、もちろん、彼が初めて語ったというわけでもない。

【日本から「学び方」を習う】

もちろんこうした日本人の〝業績〟は彼らの侵略による破壊を相殺するものではない。だが、このなかから彼らの経営、管理能力を見て、彼らのどこが中国人よりも優れているのかを知ることはできるのではないだろうか。

長い間、多くの出版物が中日それぞれの民族に対して文化上の比較を行ってきた。一般的には、どちらにも勝っている面とそうでない面があるはずだ。しかし、ある種の文章で

〝たとえ……であったとしても、決して……を選択することはない〟論　文化大革命の時期に盛んにスローガンとして用いられた表現で、「社会主義の雑草を選ぶことになろうとも、資本主義の苗には手を出さない」というように使われた。

は民族感情をむき出しにして日本民族を嘲笑し侮辱することで愛国を表現しようとするものもあった。

私は、これには賛成できない。

戦場での激烈な力比べはもちろん、平和な状況下での競争であっても、脅したり罵ったりすることなど、戦いではない。われわれは抗日戦争を戦った将軍たちの回想録を読み、その中身や行間に、はたしてそれほど程度が低く軽薄なことをわめき散らすだけの愛国が描かれているかを見なければならない。


人類には必ず弱点がある。一つの民族には必ず積年の弊害もある。中国人には中国人の醜さ、日本人には日本人の醜さ、アメリカ人の醜さ、フランス人の醜さ、イギリス人の醜さ、ドイツ人の醜さ、イタリア人の醜さ、ロシア人の醜さ、アフリカ人、ラテンアメリカ人、アラブ人、ユダヤ人……。

なぜ、醜さがあるのか。それは相対的にみなが認める美しいものが存在するからである。

二十世紀のはじめに魯迅は、最も中国人の特徴を備えたモデル的人物を作品に描いて見せた。それが「阿Q正伝」である。正直に言えば、阿Qの醜さは際立っている。そして、これは疑うことなきわれわれ中国人の姿である。

反省を込めて言えば、もしわれわれがそうでなければ、なぜ人口にしてわずか数千万の小国に手も足も出ないまま国が滅びる寸前まで追い詰められてしまったのだろうか。

同じように日本の欠点も深刻だ。もしそうでないのなら、あのように横暴を極めて、兵力を乱用して弱らせ、どこまでも戦線を拡大し、最後には無条件降伏を受諾するまでになるだろうか。

ただし、日本はそうした欠点の裏側に非常に優秀である面も備えている。日本人は努力を惜しまず、積極的で向上心があり、仕事に誠実で研究熱心で、その上いい加減なことをしないので相手として手ごわい。新しいものに対して敬意を持ち、謙虚に学び、よく模倣して吸収し、犠牲を惜しまず、団結している。私的な争いはしないが、公的な戦いには勇敢である。こうした特徴には、中国人が学ぶべき値打ちのあるものも多い。

日本人はミツバチのようであり、組織の結束が固く、一糸乱れず、高効率で、小さな狭間にも生きがいを見つけ、脅威を感じれば命を惜しまない特攻的な攻撃性を敵に対して発揮する。最後の部分を除けば、すべて現代であっても重要で社会に適した特徴である。

日本があれほど短い時間のなかで工業革命を達成し、そして戦後はまた凄まじいスピードで回復を遂げ、経済と科学技術で強国の列に並ぶことができたのは、国民全体にあることの素質を抜きに語ることはできないだろう。

一つの民族は他の民族から学ばなければならないが、とくに敵からはよく学ばなければならない。

古代、中国は日本の恩師であったが、近代の日本は中国の恩師であった。日本は中国を侵略し、われわれの家をメチャクチャにして損失を与え多くの血を流し深い恨みを残したのに、まだ恩師なのか？　と問う者もいることだろう。だが、それでもやはり日本は恩師である。恩は恩、仇は仇である。相殺することも、ましてや抹殺することもできない。日本がしたことは筆舌に尽くしがたいことだが、その一方で彼らがわれわれに与えてくれたものはとても貴重だ。われわれはそれを得るために血の代価を支払った。これを簡単に捨て去ってしまうというのであれば、それは民族にとって最高の不幸であろう。

一世紀も前から、われわれはイギリスにも学び、フランスにもソ連にもユーゴスラビアにもシンガポールにも学ぼうとした。そしていま、最も多くを学んでいるのがアメリカであるが、最も長くかつ最も深く学んだ相手といえば、やはり日本である。

実は私自身もこの一点について認めたくはない。しかし、受け入れようと入れまいと、これは厳然たる事実なのである。

イギリスから学んでも、われわれが工業革命を完成させることはない。フランスから学んでも、われわれの社会が自由を獲得することはない。ソ連に学んだわれわれは、失敗例を積み上げただけであった。アメリカから学ぼうとすればアメリカとの距離の遠さを思い知ることとなった。そして最後に日本から学んだわれわれは、ついに日本を打ち負かすことができたのである。


日本はとくに学習熱心な国である。中国を学べば、できるかぎり中国人に近づこうとし、西洋から学べば脱亜入欧へと向かい、「体」とするか「用」とするか*の際限なき議論のためにいたずらにエネルギーを消費するようなことはしない。

現在、われわれが日本をちょっと眺めてみれば、彼らの近代化のレベルがすでに世界で

「体」とするか「用」とするか　あくまで中国を本質＝「体」とし、西洋を道具＝「用」とするという「体・用」論争が、当時の中国では盛んであったことが前提となっている。

最も近代的な国家と肩を並べるほどになっていることが分かるはずだ。またその一方では、彼らの伝統文化の備える正真正銘さは、われわれのようなこの悠久の歴史を持つ国家でさえも、恥ずかしくさせるに足るものなのである。

同時にまた西洋から学ぶことは、日清戦争という一つの試験で、中日はそれぞれ優劣のはっきり分かれる答えを出した。

日本海軍は人数も装備も中国には及んでいなかったため、戦争で勝つ自信があったわけではない。しかし戦争前、北洋艦隊が日本を訪れ、日本人が艦上に登ると、そこには怠惰な水兵とその家族までが艦上で暮らし、いたるところで着物を陰干ししてあるのを見て、訝るのを通り越してひそかに喜んだとされる。彼らは、こんな軍隊なら戦っても問題ないと考えたのだ。

中国は欧米からの学習に失敗した後、日本から「学習の方法」を学び、やっと少しずつ現代化へと社会変革を始めることができるようになったのである。

第三章　侵略の歴史

【日本が中華民族に加わることを中国は受け入れられるのか？】

中華民族は千年以上にわたり、世界をリードしてきたとされるが、そこにはどんな根拠があったのだろうか。

やはり外部民族の血や文化の融合を受け入れ、もともとの民族の活力を維持してきたというのが一つの重要な要素なのではないだろうか。

秦の始皇帝により中国が統一され、各諸国の文化の大融合が実現し、それが強大な漢代を築いたのである。また、鮮卑族が中原に入り北魏を打ち建て、皇帝の命令により全国的な〝漢化〟を実施したことは、その後の隋、唐での隆盛の基礎を築くことにつながっている。そして、清が山海関を越えたこともまた同じである。

だからこそ、もしも中国が孫中山が望んだように日本人を受け入れ連合していたとしたら、民族性という意味からもこの効果は顕著だったに違いない。

中国人は本来、民族主義の観念がとりわけて強いわけではない。だからこそ、歴代王朝が侵略者によって築かれた歴史を持つのである。

ただ宋代は、外部民族からの侵入と圧力が強まったことで、「忠節」がとくに強調された時期であったとされる。しかし、この「忠節」の意味は家臣に対する「忠」であり、決して「愛国」というものではない。忠節を重んじる義士たちにとって許しがたい行いとは〝代々皇帝の恩を受けてきた者〟が別の王に仕えることである。中国の歴史の中でもとくに有名な民族英雄といえば、岳飛や文天祥、史可法、鄭成功などであるが、やはりいずれも「忠君」として世に名を残した人物である。

もっとも表現の一定程度においては「忠君」にも「愛国」の意味が含まれている。だが、両者は本質的には区別されるべきものである。

岳飛が「楊幺の蜂起」(鍾相・楊幺の乱)を鎮圧したのも忠誠心からのことだ。文天祥が俘虜になっても死ぬまで転ばなかったのも、やはり趙氏皇帝や南宋朝廷に対する「忠君報国」であり、決して漢族や南人の愛国による情操からではない。

事実、彼は弟の文天禎が元に仕えることには反対していないのである。理由は、彼の弟は宋朝に仕えたことがなく、二人の皇帝に仕えたという「弐臣」の罪にはあたらないと考えられたからだった。

清と戦った明の将軍・史可法は、死後、その忠烈祠が清朝の手によって建立され、「気壮山河」*という言葉とともに大々的に祀られ、二人の皇帝には仕えなかった忠臣としてその名が知られるようになったのである。

清朝が明の将・史可法を通じて後世に残したかった精神とは史の「節操」であり、決して「民族主義」の精神ではない。

清の乾隆帝の時代、史館*に命じて作らせた「弐臣伝*」のなかに、清朝が中原の覇者となるに際して明を裏切って清のために働いた明の将たちや政治家、官吏、つまりは二君に仕えた者たちの名をできる限りそこに加えたのは、後世の人々に対し、民として臣としての「二心」を戒めるためであって、決していわゆる「民族の大義」を鼓舞しようとしたのではない。

清朝が関内（＝中国）に入り多くの時が流れたころには、もともと名節を重んじて決して清朝の官職に就かず、ないしは清朝を転覆して明朝を回復させようと図る前朝廷の高官たちや名士、著名な学者たちも、すでに自分の子や孫が侵略者と協力し、清朝の官僚とな

気壮山河　高山、大河のように意気盛んであるという意味。
史館　歴史を編纂する役所。
弐臣伝　二君に仕えた臣を記した書。

ることも黙認したのであった。知識分子と呼ばれる人々にはさらにこの傾向が顕著であり、一般の人々は、さらに「力のある者が王になる」ことを習慣的に受け入れたのである。誰であれ、天下を取った者こそが天下に座る資格を持つ。勝った者こそがこの土地の人間であり、誰も勝者をよそ者とは呼ばないのである。

日本軍が中国侵略に際して行った数々の犯罪行為は、中国人に深く血の恨みを刻み込み、もはや中国人は感情の面では、永遠に日本人を受け入れられないほど悪化してしまったのだろうか。

断言しても良いが、そんなことはほぼありえないだろう。

中国人は恨みを忘れることがうまく、最も寛大な民族なのである。

戦犯を厳しく追及することもなく、賠償金を少しも取らず、尖閣諸島は聡明な後の世代に解決を委ね、とにかく関係正常化さえできればよいとばかりの行動を取り、「子々孫々までの友好を」と呼びかける。

もし日本が中国人となっていたのなら、過去の問題などおそらく「兄弟喧嘩」だったと一笑に付され、怨みなどすぐに忘れられてしまったことだろう。

【中国の歴史にみる侵略と虐殺・暴行】

中国の歴史において侵略が悲惨な暴行や虐殺を引き起こしたという例は、随所にみられる。

戦国時代の秦は、戦いのたびに大量の人を殺している。紀元前三三一年には戦いに敗れた魏の八万人を斬首とし、紀元前三一二年には楚軍を打ち破り丹陽へと進んださいにも斬首八万、同三〇七年には宜陽を破り斬首六万、同三〇一年には楚を重丘で破り斬首二万、同三〇〇年には楚の城を攻め斬首三万、同二九三年には韓魏連合軍を伊闕で破り斬首二十四万、同二八〇年には趙を攻めて斬首二万、同二七五年には韓軍を破り斬首四万、同二七四年には魏を華陽で破り斬首十五万、同二六〇年には長平にて趙軍を破り四十五万人を生き埋め、同二五六年には韓を攻め斬首四万、また趙を攻め斬首九万、同二三四年には平陽で趙を負かして斬首十万……。（翦伯賛編『中外歴史年表』）

中国を統一するための戦争で、一体どれだけの首が落とされたのか数えられないほどだ。ただ、はっきりしているのは当時の人口は一千万を越えることはなく、その比率から見れば、この殺人の惨さは日本軍の侵略をはるかに上回るものである。

チンギス・ハーンはモンゴル帝国の創始者であり、中国の元朝の太祖である。モンゴル人であるが、中国人でもある。厳格に言えば、彼は生前は中国の侵略者で死後に中国人となったのである。

モンゴル人の蹄鉄の音は、ヨーロッパからアジアに至る大陸で縦横に響きわたり、数十カ国を征服し、一つの城を征服するたびに、夥しい数の軍民を虐殺し、財産を強奪した。彼らが残したのは、わずかに特殊技能者と美しい男女だけで、彼らを利用し、あるいは玩具として弄んだ。

人口百万人を超える多くの都市を廃墟に変え、人も畑も壊滅させた。モンゴル軍が大挙して中国を攻めたとき、彼らは漢人である耶律楚材を宰相に据え、中国人、つまり漢人を武力ではなく心理的に追い詰めて手なずけようとした。

一二三三年には、モンゴルの大将・速不台《スブタイ》が金の汴京《べんけい》を攻め落とし、慣例に従い皆殺しにするところ、耶律楚材が力を尽くしてこの中原の地、つまり漢民族の地の重要性を説いたために許された。しかし彼らは、他国に対しては依然として凶暴で残忍な習性をむき出しにした。いたるところで麻のように人を刈り、死体が野に積まれていった。モンゴル軍がペルシャのホルムズ国の首都オルカンジュを陥落した戦いでは、一度に百二十万人という人間を虐殺している。これはモンゴルの軍人一人当たりに換算して約二十四人も殺した計算になる。

チンギス・ハーンがシャリゴルゴーラを攻撃した際には、彼の孫が戦死してしまった。怒ったチンギス・ハーンは城を落とすと、「なかの人間は一般人も含めて全て死滅させ、犬や鶏さえ残すな」と命じたのだ。

元の将軍・抜都《バトウ》（チンギス・ハーンの孫）が軍を率いて第二次西進を行ったときには、モスクワに入り一人を殺すごとに一つの耳を裂いたが、この戦いで集められた耳は合計二十七万にも上ったと伝えられる。ポーランドとゲルマン軍を破ったときには、耳だけで大きな袋で九個分になったとも言われた。

ブダペストでは婦女子を辱め、教会を焼き、財宝を奪い、出会う人をすべて殺した。

一二五四年、蒙哥《モンゲ》は配下の大将を高麗に遠征させ、至るところで城を焼き、男女二十万六千八百人余りを捕虜にし、殺した人間は数えられないほどだったとされる。

一二五五年、旭烈兀《フラゲ》は兄モンゲの命令によりマジャール（ハンガリー）の討伐に向った。

これが第三次西進であるが、このときは合計で数百の砦や堡塁を破壊し、なかには無抵抗の四十余りの城も含まれていたのだが、フラゲは老若男女の区別なく皆殺しにすることを命令し、その通りすべて実行された。

タージ国（現在のイラク）の場合も同じように開城して投降したのだが、モンゴル軍は七日にわたる殺戮を繰り返し、八十万人とされた城の住民はみな殺されたのであった。

（陳致平「中華通史」）

モンゴル人のこの種族絶滅政策は、ナチスドイツや日本の軍国主義でもとうていかなうものではない。

しかしながらチンギス・ハーンは中国史に〝英雄〟としてその名を刻まれ、秦の始皇帝、漢の武帝、唐の玄宗、宋の太祖と並び列せられ、人々の尊敬の対象となった。

チンギス・ハーンの墓は内モンゴルの伊金霍洛《エジンホロ》旗（県）の中心から東南十五キロメートルのところにあり、一千五百平方メートルを超える敷地に宮殿のような煌びやかな建物とともに祀られている。各地のモンゴル族やその他の民族は毎年ここで盛大な祭りを行うために集まるのである。

では、なぜこれほど残酷を極めたチンギス・ハーンやその子孫たちが戦犯として追及されることがないのか？

それは彼らが勝利したからである。勝利すれば功績であり、負ければ「賊」として憎まれるのである。

もし日本が勝っていたとしたら、誰も彼らを戦犯とは呼ばなかったであろう。そして、彼らの罪深い行いでさえ「偉業」として覆い隠されてしまったはずだ。彼らの戦死者は、靖国神社とは比べようもないほど豪華な記念堂のなかで祀られ、いまのようにこそこそと誰が行ったか行かなかったか分からないような参拝ではなく、堂々と政客が足を運ぶことができたであろう。

清朝は中国最後の王朝である。この清朝が中国を征服した過程も同じように血塗られている。

明朝と東北地方を争って戦った清軍は、遷安、永平の二つの場所で大虐殺を行い、財物を略奪し、婦女子を陵辱した。第二代皇帝ホンタイジは漢人に対して柔軟路線を打ち出していたが、これを崩壊させる結果となったために、その中心人物と目された将軍阿敏が

「国賊」と宣言され、処断された。しかし、ホンタイジはこの事件に対し責任を負うことを拒否し、しかも、その後のこれに類似した虐殺を制止することができなかったのである。

明の将軍で薊遼（東北・河北一帯）の総督・洪承疇*は俘虜となり、その配下は一部の利用できる部下を除き、百数人の官僚と三千余の兵士がみな虐殺され、死者の家族の婦女子千二百人余りも奴隷にされた。明の将・祖大寿は投降し清軍は錦州を手に入れたが、ここでも住民のすべてを殺してしまった。

清軍が山海関を越えて北京を占領後、摂政王・多尓袞《ドルゴン》（太祖ヌルハチの第十四子）は全中国に向けて「すべての地域は髪を切り投降し、城門を開いて税を納めれば地位と禄を与え、子々孫々まで繁栄できるが、もし反攻すれば兵を差し向けて殺し焼き尽くすだろう」との通告を出し、その後、あの有名な「揚州十日」*と「嘉定三屠」*が起きたのである。

あの揚州でいったいどれほどの人間が殺されたのだろう。当時の統計によれば、それは八十万人ともいわれている。（王秀楚『揚州十日記』）

もっともこの数字には異論があり、二、三十万人ではないかともいわれているが、それでも十分であろう。このとき、殺すだけでなく多くの女性が兵士によって輪姦されたが、それはまさに南京大虐殺と同じである。

このとき、多くの女性が板に釘で磔にされ犯されたのである。

歴史家は嘆く――。

「嘉定の『屠城』（城内皆殺し）がこの都市に残したものは、破滅と、また道徳とは何かを知らない生存者だけであった」と。（魏斐徳『洪業――清朝開国史』）

清軍は昆山を落としたが、そのとき三日間にわたり抵抗した義軍兵士らが逃走するのを追い、その追い討ちの過程では、戦いと関係のない住民までもが四万人も殺されたという。江陰で清軍に八十日間の抵抗後に城を明け渡したときには、七万人が殺された。虐殺は漢人だけを対象に行われたわけではなく、他の多くの民族が被害に遭った。西北部ではモンゴル最古の民族、「厄鲁特人《エルート》」がほぼ絶滅の状態に追いやられ、西南部においては成村の苗族が皆殺しにされてしまった。

明清の時代には、大虐殺は日常茶飯事であった。満人は漢人を殺し、清軍のなかの漢人

洪承疇　一六四一年に清の軍勢と対決し全滅、降伏。
揚州十日　清軍が揚州人に行った十日間の大殺戮。
嘉定三屠　清軍がいまの上海に近い場所で行った三回の大虐殺。

も漢人を殺した。そうでなければ生き残れなかったからだ。

侵略者は一般の住民を殺し、農民軍でさえ農民を殺した。張献忠*は、四川で百万人を殺したとされ、李自成*の軍は北京での戦いで、最初こそ逃げる明の官僚を殺していたが、やがてコントロールを失い、最後は焼く、殺す、強奪するという、まるで強盗のような行いに走った。また、こうした場合は一般の住民も機会をうかがいながら人殺しをする。清軍が北京を占領する直前に明の李自成は逃走してしまったが、この権力の空白期に一般の住民たちは群れを成して脱走兵などに襲いかかり、報復を果したのだった。彼らに捕まった者は、焼かれたり、頭を割られたりして、約二千人が犠牲になったともいわれている。

明の軍人たちも、そのころには軍隊を野放しにして、無辜の人々であれ何であれ、手当たり次第に殺させたのだった。

【王道　虐殺から懐柔政策まで】

私はこの世界で、文明的で残虐性をともなわない侵略戦争があったのかどうか知らない。

おそらくそんな模範的な戦争もあったのかもしれないが、少なくとも私自身は聞いたことはない。

イギリスは早くに産業革命を成し遂げた国で、かの国は中国を征服するために大規模に麻薬を販売して中華民族の心身を麻痺させ滅ぼそうとした。フランスは、近代啓蒙運動の象徴的な存在であったが、一八六〇年、イギリスと連合して北京を攻め、円明園を焼き、同じフランスの文学者ユゴーを嘆かせた。

ソ連は中国の同盟国で世界プロレタリアートの「解放者」であったが、そのソ連の紅軍が中国の東北部でやった悪事はこの上もないほどひどいものであった。しかし当時は、国共それぞれがソ連に阿り、その力を借りて東北地域での優勢を保たなければならなかったためにどうすることもできなかったのである。

アメリカは現代の民主の保護者であり、人権の手本であるとされるが、インドネシアではスハルトを援助しながら共産主義者狩りを行い、約六十万人という犠牲者を出している。

張献忠　一六〇六年～一六四六年。明朝末期に起こった農民暴動の首領。

李自成　一六〇六年～一六四五年。明朝を倒した農民暴動の指導者で北京に入城した。

事件後、突如「良心の呵責を覚えた」とされる中央情報局は、そのうち約五千人は、自らの手で殺害したことを告白している。

また一九七三年、アメリカはカンボジアに対して「絨毯爆撃」を行い、五十万人の一般市民を殺している。ベトナム戦争では、アメリカ軍による爆撃、毒ガス、戦闘によって、計三百万人のベトナム人が殺されている。


一九〇〇年、八カ国連合軍が北京を侵略したさい、列強の本性が見えるような出来事があった。

北京に入った二万二千人のうち日本軍は約八千人で最大。次がロシアの四千人、ついで英軍が三千人、アメリカが二千人だった。

八カ国の中で最初に戦闘を始めたのは日本軍で、人数も最も多かった。義和団の蜂起では、最も怨まれたのは日独の両国であったとされる。

しかし、日本軍は他の国の軍隊と明らかに違い、戦闘が終わった後に占領地で血の雨を降らす報復行動は起こしていない。一人の西側の記者が書いた当時の報道によれば、「日本の軍人は、連合軍のなかで唯一美術品を鑑賞する能力を持っていて、彼らももちろん他の国の軍人と同じように奪うのだが、そのやり方は大人しく、優雅であった。彼らは美術品を乱雑に扱うことなく、また不必要に破壊することもなかった。わたしはたまたま一人の日本の兵士が入っていった部屋に入ったのだが、彼らは置いてあった陶磁器を鑑賞家のような手つきで撫で、湯吞みや杯などをひっくりかえして年代を確認してまた元に戻していた。粗暴なアメリカ兵やロシア兵、フランス、イギリス、ましてやドイツなど、彼らは壊すことのできない石器や銅製品以外のほとんどを破壊しつくしてしまった。本当に日本兵とは比べものにならなかった」（『日本皇軍興亡記』ハリス夫妻）という。

日本軍兵士たちが相対的に示した中国文化に対する尊重と理解には、同種であるという要素が作用しているのかどうか、知る由がない。日本の兵士たちが残虐性を現し始めるのは大規模な対中侵略が始まってからのことで、とくに南京大虐殺がその出発点なのかもしれない。この彼らの行いは世界を震撼させ怒りを呼んだ。

だが、軍紀を保つ、「犯罪や正当でない行為を戒める」ことに関して日本軍は、一九四〇年九月に頒布された「改進軍紀企画」（『軍紀振作対策』）という小冊子にあるように「中国事変の中の犯罪と不当行為の特質」として詳しく列挙し、一人一人の将校がどんなときにも心に刻んでいた。

もちろんわれわれは侵略戦争を発動する戦犯たちに、ここにあるような「不当行為の特質」に対して毅然とした判断を期待することはできない。ただし、この小冊子からは少なくとも日本の軍当局が犯罪行為の一部を認識し、また改めようとしていたことが見て取れるのだ。

七七事変（盧溝橋事件）が勃発した後の二年間、五百八十八人の日本の軍人が軍事法廷で裁かれ、このうち四百二十人が強盗及び強盗致死、三百十二人が強姦及び強姦致死で刑を下されているのである。これらは日本側の記録であり、実際の犯罪の数からすれば極少数に過ぎないのだろう。単に南京大虐殺の集団的な犯罪のなかだけでも数万を数えることができるのだから。

南京を占領した第六師団長の谷寿夫、一度に三百人の中国人を殺した田中軍吉大尉（第六師団中隊長）、百人斬り競争で有名な野田毅と向井敏明の両少尉はその十年後にやっと南京軍事法廷で死刑判決が下されている。

われわれが通常いう「被占領区」は、侵略者によってコントロールされている地域のことだ。

日本軍の認識では、これには「治安区」と「準治安区」の二種類がある。「治安区」は基本的に中国人を前面に出して組織された傀儡政権であり、社会秩序は比較的安定して〝良民〟は概して日本傀儡の統治を受け入れていた。「準治安区」は日本の傀儡勢力の力が比較的薄く、ゲリラや民兵、後方武装工作隊、抗日救国軍などが小規模に各所に存在し擾乱を引き起こしていた。

治安区では日本の軍人は軍紀を遵守していたと考えられる。殺人や強盗、強姦などが発生すれば、一定程度の罰も下された。一方の準治安区では軍紀はあまり守られず、犯罪も軍事行動と同様に発生していた。


侵略者の角度から見れば、南京大虐殺、揚州十日、嘉定三屠などの恐怖の殺戮行為は、たいていが、一に頑強な抵抗に対する報復であり、二に敵対する相手の士気と尊厳を打ち砕く脅しであり、三に征服者がこの土地を手に入れるために勢力を誇示するためであり、四が原始的な血が沸き躍る場合だったと考えられている。

だが、実際に完全な征服の目的を達成するためには、こうした手段だけではとても十分ではなく、むしろ殺戮は人々の敵対心を呼び覚ましてしまうものなのだ。

このため彼らも治安区では懐柔政策を取り入れ、「同文同種」、「共存共栄」、「討蔣愛民」と宣伝する一方で「王道」を実行し、暴力が蔓延することを阻止したのである。

これをわれわれは簡単に〝騙し〟であったと片付けてはいけない。われわれはこれらの政策が、戦乱や貧困、そして自国の官僚や軍閥、土匪、やくざによる災いが骨身にしみている一般の人々には非常に意義があり、これが奏功することを知らなければならないのだ。

【天地の間には秤はあるのか?】

中国人の感情からいえば、強姦や輪姦は殺されるよりもさらに恨みを強くする行為である。たくさんの抗日戦争を描いた書籍のなかでは日本軍による中国女性の強姦ばかりが描かれており、日本軍が第三国、なかでも西洋人を特別扱いしていたかのように描いている。これは、日本軍人が中国人だけをターゲットにしていたことを証明しているようでもある。

しかし、事実はそうではない。現実に彼らから優遇されたのは、交戦国ではない第三国の国民だけである。一旦、戦端が開かれれば、敵対国はすべからく日本軍によって煮え湯を飲まされているのだ。

香港の陥落後、イギリスの女医や看護婦のグループの一つが日本軍の手に落ち、一カ月以上も監禁されるという事件が起きている。そのなかの一人の女医が生き残って証言したところによれば、彼女たちは毎日十人以上から強姦され、最も多い日には十七人から犯されたという。また別の目撃者であるカナダの牧師・バライトが東京の国際法廷で証言したところによれば、香港の西部のスタンレー砦を守っていた百七十名のイギリス軍及び傷病兵がすべて日本軍によって殺され、その他七名の看護婦（そのうち四名は中国人、三名がイギリス人）は強姦されて殺され、うち一人のイギリス人は死体になってからも輪姦されたという。

オランダの女性も日本軍の強姦や暴行の犠牲になっている。

敵対国であれば、そこには東西の区別はない。映画「戦場にかける橋*」のなかではイギ

戦場にかける橋　一九五七年製作。米英の捕虜たちが日本軍によってクワイ河に橋をかける過酷な労働にかり出されたとされるストーリー。

リス兵の捕虜がいかに酷使されたかが、はっきりと描写されている。

一九四二年四月、マニラが陥落しアメリカ兵やフィリピン兵の捕虜や難民八万人を収容所まで移送する途中、一万七千人（うち米兵は千二百名）が日本軍の虐待によって死んでもいる。これは欧米で「バターン死の行進」と呼ばれている。一九四四年十二月、〝マレーの虎〟山下奉文はパラワン島で約百五十名の米兵捕虜を焼き殺したこともある。


兵士たちの獣の欲望を正常な方法で排泄させるために日本軍が考え出したのが「慰安婦」制度だった。これはある種人道を踏みにじった制度で、この慰安婦の多くが韓国女性で一部に台湾の女性、日本女性がいて、なかには西洋の女性も含まれた。この大部分が強制された者や難民、女性の俘虜だったが、なかには〝聖戦のために青春を捧げ〟た娼妓もいたという。

慰安婦たちは自らの犠牲によって、結果的に被占領区の広範囲の女性たちへと向かう蹂躙の圧力を和らげることになった。

一九三八年の武漢会戦の期間、日本の第十一軍団長岡村寧次中将は、軍に強姦などの犯罪が横行していることに気をもみ、憲兵分隊長・重藤憲文中佐に対して自ら「慰撫工作」

の強化を指示し、また逮捕者の軍法会議での厳正処理を命じた。これに対し、当地の法務部長と憲兵隊長が犯罪行為に及んだ兵士を弁護し、「娘は大なる抵抗もせず、また告訴もしないから、親告罪たる強姦罪は成立せず、よって不起訴とするを至当とする」と発言をしたところ、岡村は激しく机を叩いて怒ると、こう怒鳴ったという。

「強姦罪が親告罪であることぐらいは予もこれを知っている。これは法を作ったとき内地を前提としたものであろうことを深慮しなければならない。抑々《そもそも》われわれの出動は聖戦と称しているではないか。神武の精神は法律以前のものであり、また一面被害の良民は銃剣の前に親告などできるものでないことを察しなければならない。憲兵は須《すべか》らく被害者をみな親告せしめよ、そうして犯人はみな厳重に処分すべし」(陳道闊『長河落日――武漢会戦実記』)

この発言者こそ、後に中国侵略軍の総司令官に昇進した岡村寧次である。彼の晩年の回想録のなかには、「愛民方針の徹底度」と題した一章があり、そこには一九四〇年二月、第一回師団長・参謀長会議におけるある参謀長のこんな報告が収められている。

「たとい戦闘上の必要に基いたとはいえ、家屋を焚いた土地にあっては、その後如何に宣撫工作に努力しても、この効果は無い。それに反し家屋を焚かず、掠奪強姦など皆無で、宣撫の行き届いた地方にあっては、敵の攻勢作戦のときでさえも、住民はわれに対する好意を続け、物資運搬を手伝ってくれた。前者にあっては敵襲時、住民は敵に通じ、われに不利を来したこと勿論である。今更ながら軍司令官の愛民方針を遵守することの必要を痛感した」

当地の住民が好感を示し、軍事物資の運搬を手伝ってくれるというのは、共産党が理想の姿として描いていた「軍愛民、民擁軍」の状況と似ているのではないだろうか。これは、神話だろうか？　侵略者の願望が作り出した幻想なのだろうか？

そうではない。

一九四二年から四三年春、日本軍が河南に侵攻したとき、当地の住民は自ら道案内をかってでるだけでなく、中国軍が武装解除する手伝いまでしたという。この一戦だけで、五万人の中国兵が自国の住民によって武装解除させられたのである。（劉震雲『温故一九四二』）

近年、中国で流行った歌*がある。その歌詞には、「天地の間には秤（竿秤）がある。その秤の分銅は民衆」とうたわれている。両軍対峙するなかで、中国軍は民衆を飢餓に追いやり、彼らが必死に餓死と戦っているとき、相変わらず重い徴発をして少しもかえりみなかった。しかし日本軍は、この機に乗じて人心を掌握し、軍糧を放出して分け与えた。中国軍は駐屯地から周囲十数里に及ぶ農作地を蹂躙し、村に侵入しすべてを奪い、少しでも不満があれば武力に訴え、民間の力を強制的に濫用し、恨みの声が街に溢れるなかで多くの家庭が生活を奪われた。一方で隣の日本軍は、現金で人を雇い道路をつくり、農民から奪うこともなく、小さな施しを忘れなかった。こんな状況下では、秤が侵略者のほうに傾くのは当然であり、いくら「民族の大義」、「愛国情操」といっても、生命の維持に欠かせないものがあり、秤にかければとても足りないのである。

【民衆にしてみれば、どれも官軍である】

中国軍と日本軍、民衆にとってこのどちらも官軍になりうる存在だったのである。もし

中国で流行った歌　テレビドラマ「宰相劉羅鍋」の主題歌。このドラマは清の乾隆帝時代の宰相・劉羅鍋を描いたもので、南京のテレビ局が制作し、九四年に放映されて大ヒットを記録した。

どちらかが殺人、強姦、放火、強奪をして人々の生活を顧みないのであれば、それが賊であり土匪である。もし逆に民衆の生活を尊重し、友好的であれば、それが仁義の師であり官軍として映るのである。

われわれはいま、これほど「浅薄で愚昧」な法則でよいのかと疑問を持つかもしれないが、これよりも「深刻で知的」な法則で歴史の現実に近いものはない。ある者は、絶対的な「愛国」の前に人本主義という考え方があるという。孟子曰く「民が本であり、国はその次」。私はこの観点に強く賛同するのである。さらにいえば、国家の利益は党派の利益よりも優先され、また民の利益は国家よりも優先されるべきだと思うのである。

新文化運動の代表的人物の一人、胡適*は、かつて書いた詩「你莫忘記（君よ決して忘れる事なかれ）」のなかで老人の口を借りて彼の思想をこう表現している。

我が子よ、私は二十年間、この国をいかに愛するべきかを教えてきた。
忘れないでほしい。
おまえのおばさんを死に追いやり、馨ちゃんを殺し、おまえの妻を銃殺したことで昇進するのだ。
——これが我が国の軍隊だ。
忘れないでほしい。
誰がおまえの手を切り落とし、おまえの父をこんな目に遭わせたのか。
誰がこの村を焼いたのか。
アイヨー！　もう火はここまで来た。
逃げよ！　わたしと一緒に死ぬことはない！
帰っておいで！（言い忘れたことがある）
忘れないでほしい。
おまえの父は死に際して、ただこの国が滅びることを願っている。
コサックに滅ぼされてもよい。プルシャーに滅ぼされるのでもよい。
どちらでもよい。
人とは、こんなものだ。

胡適　一八九一年〜一九六二年。現代詩人であり、哲学者。北京大学校長などを務めた。

胡適がこの詩を「新青年」第五巻第三号に発表したのは、およそ一九一八年ごろのことだ。彼が「わが国の軍隊」と指しているのは軍閥のことだ。亡国の仮想敵は、このときはたまたまコサックとプルシャーであった。しかし、いつの時代のどんな場所であっても、気持ちはまったく同じことである。

抗日戦争は疑いなく神聖で偉大な戦いだった。しかし、いかなる人もいかなる党派も、いかなる国も、いかなる民族も、いかなる軍隊も民衆を殺してよい理由はなく、また彼らの利益をないがしろにしてよい理由もない。

【中国軍が運んできた苦しい境遇】

以下の例を見てみよう。

一九三八年六月九日、日本軍の中原からの西進を阻むため、国軍は河南の鄭州の東北部にある花園口で黄河を決壊させる目的で爆破を行った。堤を破った大水は、凄まじい勢いで東へと流出、歴史上最も悲惨ともいわれる大洪水となった。

河南、安徽、江蘇、の三省四十四県・市、一万三千平方キロメートルが水没し、被害人口一千二百五十余万人のうち三百九十万人以上が行方不明、九十万人が死亡するという惨事は、損害額の総額が大きすぎて計算できないほどの規模に達したのだった。

では、人々をこれほど大きな悲劇に巻き込んだことによる作戦の〝戦果〟はどうだったのだろうか。

日本軍の土肥原第十四師団の一部は山東省で一時的に足止めを余儀なくされたが、工兵の援助により三日後には開封に集結していた。また中島率いる第十六師団二万弱の隊は黄河による水没地区にあったが、航空隊の空からの援助物資の投下などにより危機を脱した。……それだけであった。

黄河の人為的洪水は、歌のなかで歌われているように「憤怒の雄叫びを上げて侵略者たちを飲み込んでしまった」というような結果はもたらさなかったのである。

黄河の水量は決して十分ではなく、珠江に比べればたったの八分の一に過ぎない。黄河が呑み込めるのは、航空隊や工兵隊の援助を受けられない中国の民衆だけだったのである。

一つの失策が生み出したのは九十万人という犠牲者である。これは、南京大虐殺で虐殺された犠牲者数の三倍である。

一九三八年十一月十二日午前二時、湖南省政府は日本軍が近づいてきているとの情報（事後にこれが誤りであったと知る）に接し、かねてから決めていたように「焦土抗戦」に打って出て、長沙の街に自ら火を放ったのだった。

省の警備団が動員され、街を焼く命令に従ったのだが、彼らは石油、灯油、綿花、木炭、爆薬、手榴弾を使い、門を閉じたまま焼き払ったのである。もちろん、事前の通知などなく、ほとんどの民家は深い眠りの中で、急に目覚めると同時に火の海の中にたたきこまれたのである。そしてほとんどの者が生きたまま焼かれ、また窒息死し、ある者は水に飛び込んだまま茹でられてしまった。やっと家の中から飛び出した者も逃げる人の波に踏みつけられて死に、圧死し、河で溺死するという悶絶死をとげたのである。

この大火事は結局、三日三晩街を焼き尽くし、千年の歴史を有する名だたる都市を、ただのガラクタに変えてしまったのである。

後の統計によれば、この火事による死者は約二万人だとされたが、ここには外地から来ていた難民や傷病兵などは含まれていない。文物の損害はやはり計り知れず、宋明清それぞれの時代の図書や貴重な文書、名画や書がすべて灰となってしまった。そのなかには漢代の印鑑も含まれていたが、それらのすべてが、ただの銅の塊と鉄の塊と化してしまった。また、ほとんどの建築物が焼かれ、米どころとして名高い長沙の収穫米も二百万担（一担＝五十キロ）が焼かれてしまった。中国で四大刺繡の一つに数えられる湖南刺繡も、代々伝えられた優れた構図やデザインなどがすべて失われてしまい、このときから中国の刺繡業界は目に見えて失速していってしまったのである。

われわれは日本〝鬼子〟が「三光政策*」を採り、軍隊が村々を焼いたことによって中国人の強い恨みをかい、厳しく責められていることを当然だと考えているが、それは長沙の大火事と比べて、それ以上の罪であったというのだろうか？

中国ではこれまで、どれほどの出版物が抗日戦争時の延安での「大生産運動」を描いてきたことだろう。そのなかの有名な一曲「南泥湾」は誰もが知っている歌であるが、歌詞で表現されている、「荒地を開墾し野菜や綿花を植えていた」ということ以外に共産党が

三光政策　日中戦争で日本軍がとった①焼き尽くし②殺し尽くし③奪い尽くす政策を指す中国側からの呼称。

何を栽培していたのかを知っているだろうか？

なんと大量の芥子《けし》（アヘン）を栽培していたのである！

国民政府は共産党に対して費用の割り当てを渡さなかったため、延安は経済的に行き詰まり、とても八路軍、新四軍を支えていける状況ではなかったのである。

綿花や野菜を植えているだけでは、自給による衣食の一部分が解決するぐらいのことである。そこで、どうしても大きな利益が期待できるアヘンの恩恵に頼ることになったのだ。

ある作家が中国共産党のリーダーの伝記を書くため当地を訪れ、農民やそのころの兵士を訪ねたとき、彼らは「外国の記者が来るたびに兵士たちが駆り出され、夜を徹して芥子を隠し、記者が帰るとまた植えるということを繰り返していた」と回顧したという。つまり、共産党もやはり芥子を栽培することは不名誉であると知っていたのである。

ならば、なぜそれでも芥子栽培を続けたのか？　日本と戦う資金が必要だったからである。そして、アヘンに人々が害されることに至っては、それは個々人の問題であると考えたのだろう。


国軍の抗日戦争を詳細に描いた一つの作品のなかには、以下のような叙述も見つけられる。

〈総指揮部と縦隊、支隊司令部には、雑役をするという名目で集められた民間の若くて器量のよい女性（主に未婚女性）が配置されていた。彼女たちは指揮部や司令部で軍服を縫い、布靴を修理し、洗濯をし、飯を炊いた。彼女たちは家に持ち帰ってそれをするか、朝早く来て夜に帰ることを望んだがかなえられず、例外なく軍営所に泊まることを義務付けられた。

毎回八から十人、一週間ずつ交替であったが、当番になった女性はほとんど強姦され、この前後で強姦された女性の数は数百人に上ったという。

ある者は帰宅後に悲しみ怒り精神がやられてしまい、輪姦されてそのまま自殺してしまった女性もあった。たくさんの民がこの軍の蛮行に対し激しく怒り、恨みを刻んだ〉（純子、蔡農、老加『一江血水向東流――中日武漢大会戦実録』）

これはどこの軍隊の話だろう？　日本の軍隊だろうか。いや、そうではない。蔣介石の密命を受けて組織された豫鄂辺区遊撃総指揮部という抗日部隊である。彼らは人と金を供出させ、青年を無理やり連れ出し、私物を運搬させて工費を拠出した。それだけでもひどいことであるのだが、さらに許せないのは、民間の女性を強姦したことである。

日本の侵略軍の行いのなかで最も悪辣で恨みを残した行為こそ強姦である。しかし彼らは〝正常〟の社会秩序を打ち立ててからは公然とそれをすることはなかった。もしそうでなければ慰安婦などという組織を作ろうとはしなかったであろう。

国軍であれば政府の代表である。本来なら日本の侵略者にも増して厳しく法を執行すべき者であったのであるが、現実はそうではなかった。

一九四三年、ついに十万人の民間人が暴動を起こし怒りを爆発させた。これに対し国軍は李宗仁の第五戦区から三個師団を派遣して鎮圧したのだった。

【対外戦争より激しい内紛】

一九四四年十二月二十四日夜、重慶の歌楽山で軍統局が主催する中米合同のクリスマスパーティーが催されていた。このパーティーでは、舞台の上で歌劇が披露されていたが、舞台の下の秩序は大きく乱れていた。中統局長の戴笠は特別に用意した数十名の美女をアメリカ軍の将校のダンスパートナーとさせたが、そのうち何人かは強姦されてしまった。

この事件が起きたのは国の府があった重慶でのことである。結果としてこれは政府が表に出て中国を援助してくれる友軍に慰安婦をあてがったのも同じである。次の日、このことは蔣介石の側近に報告されたのだが、ここでも「すでに終わったこと」として処理されただけであった。

ソ連の紅軍は、東北部に兵を出したが、そこで行われた強姦の罪業は、関東軍が十数年間で行った数を上回るほどであった。しかもこのことはきつく口止めされた上、ソ連軍の暴行に対して不満を口にした一部の中共幹部は、解放後に長らく迫害にさらされ、重要ポストからも遠ざけられた。

花園口の決壊、長沙の大火事、延安の芥子栽培、わが国の軍隊と同盟国軍による民間女性の強姦。これらはすべて一つの——反侵略戦争に勝つためには手段を選ばないという——問題である。そしてまた、目的の崇高さのためには手段の悪辣さには目をつぶるというものである。

もし、こうした理屈が成立するのだとしたら、侵略者が犯した罪も同じように——彼らは堕落し腐敗した中国を〝救い〟、統一された中国、または大東亜共栄のために戦った聖戦であるとして——許されるべきなのである。

自国の人間の手にかかって死ぬことがあっても、侵略者には殺されたくない——黄河の水に呑み込まれて魚の餌になっても、鬼の軍刀の錆にはなりたくない。自分が先に焼かれてしまっても、鬼が焼くものを残すよりはまし。共産党がつくったアヘンは吸っても、日本人が売るアヘンは吸わない。国軍やアメリカ、ソ連の軍人のために強姦されても、日本の鬼にだけは強姦されたくないなど——という者もいるだろう。

それは人それぞれの考え方だが、はたしてそこにどんな道理があるというのだろうか？

李宗仁は回顧録の中で、抗日戦の期間、彼は河南で地元の人々が「敵軍に焼き殺されようとも、湯軍が駐留するよりはまし」と歌っているのを聞いたと書いている。湯軍とは、蔣介石の直系の将軍・湯恩伯*が率いる部隊のことである。

抗日戦争が勝利した後、被占領区のなかには、「中央を思い、中央を待っていたが、中央が来たらもっと災難だった」と農民たちが民謡として歌った地区もあった。これを見る限り、彼らは侵略者に苦しめられるのと同時かその後に同じように同国人からも苦しめられたのである。そんな彼らに、高説などもはや通用しなかったのだ。

魯迅も早くから指摘したように、自国の勢力の手によって殺されることは最も悲惨なことである。なぜなら、自国の勢力によって引き起こされる災難は防ぐに防げないものだからだ。そしてこうした死ほど価値のないものはない。

内紛が往々にして外国勢力と戦う場合よりも激烈で残酷であることは、その後に起きた国共内戦や文化大革命によって十分証明されているはずだ。

内紛が対外戦より熾烈であることは中国に限った話ではない。アメリカの南北戦争は独立戦争よりも激烈だった。一九五〇年代の朝鮮半島の戦闘の激しさは、日本が侵略してきたときの反撃とは比べ物にならない。

生物としての角度から見ても、同種同類間の闘争は異種生物間の生存競争よりもはるかに凄まじい。それは、異種生物間であれば、必要な資源が異なるからではないだろうか。

牛や羊、鹿などが獅子や豹、狼に襲われたときには、みな自分が逃げ延びることだけを考えればよいのであって、それは一部の思想家が望むような「団結して角を合わせて抵抗

湯恩伯　日本の陸軍士官学校卒。共産党との内戦に敗れて台湾に渡り、一九五四年に東京で病死。

しよう」といったことにはならないが、もし雌を争って同種間で争う場合には、ときに死をもいとわない激しい戦いとなる。

人間の社会はこれよりも複雑であるが、あることに関しては却ってよく似た結論に落ち着くものである。

厳格に言えば、黄河決壊も長沙の火事も内紛ではなく〝過失〟である。皖南事変*こそ典型的な内紛であり、国民党軍はこのとき新四軍八千人余りを殺している。これに遡ること数カ月、新四軍も同じく「黄橋決戦*」で国民党第八十九軍の一万一千人を殺し、共産党の戦史に輝かしい戦果として刻まれた。惜しまれるのは、「皖南事変」も「黄橋決戦」もともに抗日戦争の期間中であったということだ。

彼らは、日本人ではなく中国人を殺していたのである。

共産主義勢力が東北をコントロールするのを防ぐため、蔣介石の国民政府は外モンゴルをソ連に売り、その代償とした。これも内紛のなかでの一つの謀略であるが、なんと馬鹿げたことをしたのであろう。

われわれが認めるか認めないかは別にして、抗日戦争の結果、われわれは東北と台湾を取り戻したが、一方では台湾と東北の面積の二倍に相当する外モンゴルを失ったのである。モンゴルの独立は、領土を失ったという意義にも加え、〝元朝〟の合法性にも動揺をもたらし、さらに「五族共和」の国是をも揺さぶり、中国の分裂という問題に一つの繕いがたい綻びをつくったのである。

【小国は大国より征服されやすい】

大中華思想は誤り——ある欧米の学者は国は小さいほうが有利で、もし秦が中国を統一していなければ今日の中国はヨーロッパのようであっただろうと語った——であるとの指摘がある。しかし私は、小国には小国の利点と欠点があり、大国も同じであるが、多少、

皖南事変　一九四一年一月、国民党軍の待ち伏せによって安徽の南部から移動中の新四軍が襲撃されて大打撃を受けた事件。

黄橋決戦　日中戦争の期間中に共産党軍と国民党軍との間で生じた最大の軍事衝突。一九四〇年に起きた。

大国が有利であると考えている。

欧州はたしかに世界をリードする地位を占めている。しかしそれはまだ四、五百年間のことであり、「小が優れている」との結論を導くには至らないはずだ。

国家間に一旦戦争が起きると、小国は資源や国土の狭さという点で不利であることは明らかである。日本の敗戦はまさにこの点にあった。俗に言う「痩せて死んだ駱駝は、まだ馬よりも太っている」というように中国はどの点を見ても日本に劣っていたが、ただ国土が広く、奥へ奥へと逃げることができた。

いわゆる蔣介石の語った「空間を時間に代える」――その実、慌てて逃げただけのことであり、また毛沢東が語った「少し戦いすぐに逃げてズルズルと時間を稼ぐ持久戦」――その実、それは国共それぞれが互いに相手を頼りにして静観していただけ――である。

欧米の人々から見ると不可解な「逃避戦略」も最後には奏功したのである。ナポレオンもヒトラーも、無人の野を行くような勢いで欧州を制覇したのだが、ロシアの広漠とした大地へと足を踏み入れたとたんに疲弊し傷つき、敗走するしかなくなったのである。

日本軍がいくら善戦したとしても、アメリカに対しては海外拠点を騙し討ちすることしかできず、ましてや米国の広大な本土を攻撃し占領するといったことは妄想さえ許さなかったはずだ。そして一旦、太平洋戦争の戦局が不利になると、日本のような小さな国土しか持たない国は、格好の的となって攻撃にさらされたのである。

このときになってやっと日本は、もともと「無用に大きくて、一撃にも耐えられず、三カ月で征服できる」と全力を傾けることなく中国を攻撃したその自らの軽率さと無知を悟ったのである。

中国の歴史上、外部民族が侵入し力を持つときは、たいてい国家は分裂状態に陥り、まさに「大国が小国になる」危機に面してきた。

周の権威が失墜し、号令をかけても諸侯が派兵に応じず征伐ができなくなったときには、即座に秦が現れて各国を撃破して統一してしまった。東漢の末期、国が三つに分裂し、わずかに晋が統一したが、諸侯の割拠が続いて国家は落ちぶれ、「八王の乱*」が起きた後には歴史で言う「五胡乱華」——外部から中原への侵入が相次いだ状態——となった。

唐末には再度国家分裂の危機となり、契丹人が侵入し、遼朝を打ち立て——しかしその

八王の乱　西晋の王族が互いに殺しあった内乱。

後女真族が金朝をつくり、遼と宋が対立する機に乗じて遼と北宋を滅ぼし中原を制した――その後は蒙古人が侵入し、国土の半分を占めていた金と南宋を滅ぼした。

西晋と北宋は大国であったために、北方からの敵の侵入に対してなお江東、江南を守って東晋、南宋を打ち建て、それぞれ百年余りも生きながらえたのである。しかし、再度北方から敵の侵入を受けると、すでに小国となっていた南方王朝は、退却する場所もなくなり、ただおとなしく投降するか海に飛び込むしかなくなってしまったのである。

明の時代は中国が統一されていた時代であるが、その末期には朱氏朝廷と李自成、張献忠の最大政治勢力によってコントロールされるという実質的な国土分裂状態にあり、そこに清軍が機に乗じて山海関を越えて侵入したのである。

分裂状態というのは、対立する政治勢力の矛盾を外部から利用されるのであって、絶対に手を取り合って外敵と戦うことにはならないという欠点があるのと同時に、実際に統括している国土が狭くなるため、動き回れる余地が狭められ、征服されやすくなってしまうのである。

国家の領土が大きいということは、現代の科学技術と経済という視点からも非常に有利である。航空宇宙工学はその典型だが、日本とヨーロッパの国々がアメリカ、ロシア、中国には及ばないのは国土の面積が小さいからである。いろんな緯度経度の地点に発射台を建設できるのは国土の広い国だからである。

ヨーロッパ諸国は、近代の産業革命と近代科学、資本主義、現代文明と民主主義制度の発祥地であるが、「春秋戦国」式の版図のようにバラバラに分散して互いに盛衰を繰り返したことで、最終的には、たった二百年しか歴史のないアメリカに敗れてしまうことになったのである。

これは、一つの中小企業がトラストに勝てないことと同じ道理なのだ。

近年、西ヨーロッパ諸国は国土が狭隘であるという足かせを打ち破ろうと経済的な統合によって世界の中での競争力を高めようとしている。これは、賢明な選択であると言うべきだが、同時にこれしか道がなかったとも言えるのだ。

欧州の地盤沈下の原因は、この他にまだ二つある。一つは、二つの世界大戦を戦った理由が生存空間の拡張を目的としていたことは、すなわち国土の狭さが原因であるということ。そして、大戦によって被った被害からの回復にも時間を要したということ。もう一つは、海外植民地紛争である。これも間違いなく国土の大小に関連する問題である。

結論　中原に入る

【日本が中国に加わる方法】

もしも一旦、日本が中国の運営にコミットしたとするならば、その後はどんな理由や方法を使おうと中国から離脱することは容易ではない。台湾やチベットの例を見ればわかる通り、祖国を分裂させることへの警戒から極端な民族主義が頭をもたげ、ほとんどの中国人が日本の離脱を許さないからである。

孫中山や蔣介石などの、発想が大きくカリスマ的な革命家が現れ、日本を切り取ってしまう代償として、どこか他の国から経済的な支援を手に入れるなどの交換条件が得られない限り、再び日本が抜けることを人々が支持することはないだろう。

中国は〝菜園〟ではない。だからこそ入りたいときに入ってきて、出たいときに出ていけるというように簡単なものではないのだ。日本の右翼政治家たちは、習慣的に「中国進出」という言葉を使っているが、これは歴史を正しく学んでいないためで、中国は一旦入ってしまうと出ることは簡単ではないことを知らないのである。

チンギス・ハーンはヨーロッパ・アジア大陸を平らげて、中国を含め四十カ国以上の国々を滅ぼしたのだが、最終的には「中国のモンゴル族」となったのであり、決して別の国のモンゴルにはならなかった。

中国人は侵入者が〝外族〟となったという表現をすることに慣れている。では、外族とは何か？　それはつまり外国民族のことである。しかし、いまの中国の少数民族である瑶族、壮族、土家族などは、みなかつては外族と呼ばれていたのではないか？

では、中国に組み込まれるにはどういったパターンがあるのだろう？

大別すれば、以下の六つのパターンに分けられる。

一、侵略の成功によって中原を制する。（清朝パターン）

二、中国によって征服される。（匈奴のパターン）

三、中国と同時に第三国によって征服される。（清朝初期及びモンゴルパターン）

四、中国の領土の一部、または大部分を占領する。（金朝パターン）

五、従属国という関係から、最終的には中国に呑み込まれてしまう。（チベットのパターン）

六、その他。

チンギス・ハーン像

日本は歴史的に見ても中国との関係が深く、中国を〝上国〟または〝天朝〟として見てきた。漢代には使節を派遣して朝貢し、中国皇帝の冊封（任命）を受けた。日本からは漢の光武帝が下賜した「漢委奴国王」の印綬も出土しているが、これには、「附庸番邦」（野蛮人の国を従属国とする）の意味があり、チベットと比べても中国との関係はよほど長いのである。

明治維新の後、日本は脱亜入欧を掲げると、この常に腰を折り頭を下げている従属国は、突然〝小さな覇王〟に変身し、中国は逆に貧乏書生に落ちぶれた。

こうした状況下では、チベット方式での併合などできるはずはない。ましてや中国と日本の間には高麗があり、これとて長い間〝従属国〟であったのに併合などかなわないのだから、日本についてはそれ以前の問題だ。

第二次世界大戦以前に、日本はかつて戦争に負けたことはなかった。日本が直面した最大の侵略は中国の元朝によるものである。

一二七四年、元のフビライが征日の兵を挙げて押し寄せたのだが、結果的には何も得られずに退散した。当時は中国にはまだ南宋が存在していた。モンゴル軍は高麗を脅し、これと連合して日本へ兵を差し向けたのである。

七年後、南宋はすでに滅びており、フビライはかつての南宋の水軍の優勢を利用して再度日本を攻めた。攻撃に先立っては、すでに手に入れたかのようにわざわざ「日本行省(行政区)」を設置したのだが、思いがけず大敗し逃げ帰ったのである。この戦いで逃げられなかった元の兵士十数万人は、日本の武士によってほとんど殺されてしまったという。

百戦錬磨のモンゴル軍は当時、無敵の勢いを天下に知られたにもかかわらず、なお日本に対してはこのように惨敗するのである。これを見る限り、「清朝初期、モンゴルパターン」も功を奏するとは考えにくい。

中国は、外国と戦う場合は常に「征伐」、「平定」という言葉を使い、外国が中国を攻めるときには「侵入」、「騒擾」、「侵犯」と表現してきた。古くから、中国が征伐するときには戦果は乏しく、往々にして外国の侵略は大きな成果を手にするのである。

匈奴は中国のいくつもの王朝を騒擾してやっと中国によって平定されたのだが、平定されてもなお、そのボスは内側で分をわきまえずにひとしきり暴れ続け、外から侵入を繰り返す以上の面倒を起こしたため、中国は多くの時間と費用を費やすこととなった。

それは世紀を跨いでも終わらない事業となり、国民の負担も莫大であった。その代償は大きすぎて現代社会にすれば埋めがたいものであるため、この「匈奴パターン」はもはや現実的ではない。

【悪い結果ばかりではない】

一番可能性が高いのは「清朝パターン」と「金朝パターン」である。

日清戦争から清朝が滅亡するまでの間、日本は、かつて清朝が山海関を越えた際と同じくらい有利であった。

中日双方の政治、経済、軍事、科学技術には大きな開きがあり、中国にはその上、孫中山のように「中日一体」を鼓吹する革命家がおり、日本が兵を出すことを切望した革命党の人々が内通し手引きするため、その条件はおそらく清朝の初期と比べてもなお有利であったと考えられるのだ。

しかし、日本は時機を逸した。彼らは四十年間足踏みをして、国民党の時代になってやっと戦火を開いた。

このときすでに国民党の政権下にあった中国は、現代国家の体制に向かいわずかな一歩を踏み出しており、軍隊の装備も現代化されていた。

難しいことには変わりがないが、それでも日本がもし李宗仁が事後に語った戦略のように戦えば、中国を征服した可能性は残されていた。

しかし、ここでも日本はチャンスを逸し、進退窮まり、「金朝パターン」の二の舞を演じるしかなくなったのである。

金朝は、一一二六年末に北宋の京（現在の河南省開封市）を攻めて占領した「靖康之恥」*から一二三四年年初にモンゴル人によって滅ぼされるまでの百七年間――もしも遼国五京を攻め落とした時間を加えれば百十一年となる――続いた。

靖康之恥　一一二六年に靖康という年号となったもののその二年後に北宋の都・開封が金に占領されてしまい、徽宗も欽宗も金国に連れ去られてしまい北宋が滅亡したことを指す。

日本は、一九三七年に中華民国の首都に迫り、南京大虐殺を引き起こし、一九四五年に連合国に投降するまでの年月はたった八年——一九三一年の満州事変を加えたとしても十四年でしかない——である。

金は最初に張邦昌*、劉予*を助けて傀儡政権を打ち建てたが、その後は自分自身が前面に出て執政し、中国の二つの合法政府の一つを代表した。日本も同じように傀儡である満州国政府と汪精衛政府をつくったが、自分自身が前面に出る機会のないまま敗戦となってしまった。

これほどの短期間であっては、結局、日本人が中国に溶け込み〝漢人化〟することも、中華民族の一員となることも、また中国人が抱いていた「外国人の侵略」という認識を改めさせることもできなかったのである。

もし、時間が十分にあったとしたらどうなっていただろうか？　これは誰にも分からないが、何にしても十年くらいではとても足りない。

いずれにせよ日本は金朝の真似をして一度「暴れた」ことがあったのだ。われわれはこの「借り」を覚えておかなければならない。そして将来、日本が再びこうした方法で中国に加わろうとする日が来ないかどうかなど定かではない。

清朝を打ち立てた満州人は金の女真族の末裔であり、清朝の初期には「后金」とも呼ばれていたのだ。満清は彼らの先祖の夢を実現したのである。

しかし、彼らは中国を占領統治した結果、すべてを中国に呑み込まれてしまった。

これが一つの結論であるとすれば、日本があの戦争で中国に勝っていたとしても、それは決して悪いばかりの結果であったとは言えないのである。日本が中国を征服し統一することは、中国が日本を征服して統一することと全く同じ結果――中国はひとつである――になるからだ。

日本という一国、または中国という一国。互いに単独では欧米人から見て心から畏怖されるに足る国とはいえない。しかし、日本のように発展した中国、または中国のように広大な国土を有する日本というのであれば、どうだろう。もはや西洋人に蔑まれることはないはずだ。

張邦昌　北宋時代の北宋の大臣で三十二日間だけ皇帝となり、その後自害させられる。
劉予　金の下で一時期皇帝となった人物。

そんなことは単なる善良な中国人による独りよがりな願望だと、あざ笑う者もいるのだろう。しかし、それは明らかに間違いである。この願望は、まぎれもなく日本人にこそ強く、むしろ中国人にとっては切実な願望とはいえないのである。

たしかに中国はここ百年余り、さまざまな方式でいろいろな道を選択し、日本のような発展を目指してきたものの実現にはいたらなかった。しかし、それでも日本が中国のような広大な国土を有する国になろうとするよりは実現性ははるかに高いのである。

われわれはただ門を閉じ、苦悶を繰り返し、どれほど回り道しようと、どれだけ多くの石を叩こう*と、どれほど多くの学費を払い、資源を消耗し、多くの人命を失ったとしても、それはすべて家の中のことで、外の人間には関係ないことである。

世界には、われわれが耐えて努力していれば先頭に立つ機会もあり、どんな妨害にも持ちこたえることができれば、二度と分割させられたり、瓦解させられたりすることもなく、最後には「中国の世紀」と呼ばれるその日にたどり着くことができるのである。しかし、日本は戦争の発動という手段を除いて——さらに戦争に勝つことも必要——それを手に入れることはできない。

ひっきょう、地球上の生存空間は有限であるが、時間だけは無限である。そして、われわれがもしも攻められることがあっても、「空間を時間に転換する」ことによりすべての敵を引き倒してしまうことができるのである。

日本がもし中国に勝っていたとすればという仮説については、もちろん細部の検討がなお必要である。

当時のような欧米諸国が極東の利益に敏感であった国際状況のなかで、はたして日本が中国を呑み込むことを彼らが座視していただろうか？　日本が中国の土地を手に入れた後、彼らは狂ったような拡張路線を抑制することができるのだろうか、それとも世界に覇を唱えたのだろうか？　またすぐにも中国の膨大な人力と資源を駆使して攻撃を仕掛けて他国を征服しようとしたのだろうか、それともまずはこの広大な植民地を安定させるために、同化と発展、建設を優先し、その後に一歩を踏み出す考えであったのか？　それとも歴代の外来王朝のように、彼らが敬慕する漢文化の薫陶を受けて凶暴・頑強な民族の風格を変えて、漢民族のようにおっとりして柔軟で覇権の精神の乏しい暮らしを選んだのだろう

石を叩こう　鄧小平の「石を叩いて河を渡る」という発言を揶揄した表現。

か？

いかなる「悪くない」結果も、プロセスの必要性と合理性を説明することはできないのである。

人類は戦争を発明し、お互いに殺し合う兵器を発明し、一つの文明が他の文明を破壊する――或いは高い文明が少し低い文明を征服する――ことを発明し、そして今日、すべての生存環境は、ある日突然戦争によって消滅する可能性がある。いま、人間は戦争が人類の発展においてそれを促進するという作用をもつことを認めざるを得ない。それは進歩の作用であることは明らかだ。

しかし、戦争はやはりよいことではなく、少なくともその過程は非人道的である。たとえ現代社会がどれほど戦時の〝人道〟に関する条約を作り出しても、やはり〝人道的な戦争〟のやり方を考え出すことはできないままであるように。

著者　趙 無眠（ツァオ ウーミエン）

1956年中国湖南省生まれ。長沙基礎大学物理学部を卒業。89年に公職を離れ、その後渡米。91年から「趙無眠」の筆名で作品を発表、現在は中国在住。主な作品に『毛沢東の真贋』、『周恩来の真贋』、『百年の功罪』、『もしも阿Qが今も生きていたなら』など。

訳者　富坂 聰（とみさか さとし）

1964年愛知県生まれ。ジャーナリスト。北京大学中文系に留学したのち、豊富な人脈を活かした中国のインサイドリポートを続ける。著書に『龍の伝人たち』（小学館刊、小学館ノンフィクション大賞優秀賞受賞）、『苛立つ中国』（文藝春秋刊）他。

文春新書

558

もし、日本《にほん》が中国《ちゅうごく》に勝《か》っていたら

2007年（平成19年）2月20日　第1刷発行
2007年（平成19年）3月10日　第2刷発行

著　者　趙　無眠
訳　者　富坂　聰
発行者　細井秀雄
発行所　株式会社 文藝春秋

〒102-8008　東京都千代田区紀尾井町3-23
電話（03）3265-1211（代表）

印刷所　理想社
付物印刷　大日本印刷
製本所　大口製本

定価はカバーに表示してあります。
万一、落丁・乱丁の場合は小社製作部宛お送り下さい。
送料小社負担でお取替え致します。

ISBN978-4-16-660558-3